ACCESO GRATIS *a la Lectura en la Nube*

Para visualizar el libro electrónico en la nube de lectura envíe junto a su nombre y apellidos una fotografía del código de barras situado en la contraportada del libro y otra del ticket de compra a la dirección:

ebooktirant@tirant.com

En un máximo de 72 horas laborales le enviaremos el código de acceso con sus instrucciones.

LITIGIOS EN MATERIA DE INVERSIÓN EN CONTRA DEL ESTADO MEXICANO

LITIGIOS EN MATERIA DE INVERSIÓN EN CONTRA DEL ESTADO MEXICANO

Coordinadores:
Alfredo Sánchez Castañeda
Jaime Cárdenas Gracia
Daniel Márquez Gómez
Pastora Melgar Manzanilla

tirant lo blanch
Ciudad de México, 2024

En caso de erratas y actualizaciones, la Editorial Tirant Humanidades publicará la pertinente corrección en la página web www.tirant.com/mex/.

Este libro será publicado y distribuido internacionalmente en todos los países donde la Editorial Tirant lo Blanch esté presente.

© TIRANT HUMANIDADES
DISTRIBUYE: TIRANT LO BLANCH MÉXICO
Av. Tamaulipas 150, oficina 502
Hipódromo, Cuauhtémoc, 06100, Ciudad de México
TELFS.: +52 1 55 65502317
infomex@tirant.com
www.tirant.com/mex/
www.tirant.es
Librería virtual: www.tirant.es
ISBN: 978-84-1197-914-6

Si tiene alguna queja o sugerencia, envíenos un mail a: *atencioncliente@tirant.com*. En caso de no ser atendida su sugerencia, por favor, lea en *www.tirant.net/index.php/empresa/politicas-de-empresa* nuestro procedimiento de quejas.

Responsabilidad Social Corporativa: *http://www.tirant.net/Docs/RSCTirant.pdf*

Índice

Introducción general

La historia mexicana del siglo XIX y la Revolución, en las palabras de Roberto Breña, esta bañada de liberalismo.[1] En el discurso emitido en la apertura de las sesiones del Congreso Constituyente de 1916-1917, en su sesión del 1° de diciembre de 1916,[2] Venustiano Carranza al aludir a las reformas a la Constitución de 1857, expresó: *las reformas a la Constitución de 1857, que iniciaría ante este Congreso, se conservaría intacto el espíritu liberal de aquélla y la forma de gobierno en ella establecida; que dichas reformas sólo se reducirían a quitarle lo que la hace inaplicable, a suplir sus deficiencias, a disipar la obscuridad de algunos de sus preceptos, y a limpiarla de todas las reformas que no hayan sido inspiradas más que en la idea de poderse servir de ella para entronizar la dictadura.*[3]

Para José Valenzuela Feijóo en algunos países de América Latina, entre ellos México, se pueden identificar o distinguir "tres grandes estilos de desarrollo o 'patrones de acumulación'", en

---

1 BREÑA, R., «El liberalismo, Historia Mexicana, El Colegio de México» [en linea], (2021), <https://historiamexicana.colmex.mx/index.php/RHM/article/view/4312/4567>, [consultado en: 06/12/2023]

2 DIARIO DE DEBATES DEL CONGRESO CONSTITUYENTE. Estados Unidos Mexicanos, Periodo Único, Querétaro, Qro., 1° de diciembre de 1916, Tomo I, número 12, pp. 260-270.

3 Ibídem. CENTRO DE ESTUDIOS DE LAS FINANZAS PÚBLICAS, « Comentarios al Informe Estadístico sobre el Comportamiento de la Inversión Extranjera Directa en México (enero-marzo de 2022)» [en linea], (2022), <https://www.cefp.gob.mx/publicaciones/documento/2022/cefp0252022.pdf> [Consultado en: 08/12/2022.].

el siglo XIX y hasta la crisis de 1929-1933 el patrón primario-exportador; posteriormente, a partir de la Segunda Guerra Mundial y hasta 1980 se apega al "patrón de desarrollo hacía dentro o de sustitución de importaciones; y desde 1982 hasta 2020 de manera parcial el patrón neoliberal.[4] Con estos antecedentes, atendiendo a su origen, la Constitución Política de los Estados Unidos Mexicanos, que reforma la de 5 de febrero de 1857, mejor conocida como la Constitución de 1917 se puede considerar como "liberal".

Por supuesto, en una introducción no podemos realizar un análisis exhaustivo de las reformas que apuntalaron el liberalismo o el neoliberalismo en México, baste mencionar que ambas son la expresión del capitalismo; lo que nos permite destacar que el 3 de febrero de 1983 se publicó en el Diario Oficial de la Federación el "Decreto que reforma y adiciona los artículos 16, 25, 26, 27 fracciones XIX y XX, 28, 73, fracciones XXIX-D, XXIX-E y XXIX-F de la Constitución Política de los Estados Unidos Mexicanos", para incluir en la Ley Fundamental el llamado "capítulo económico de la constitución", que se considera como una norma "neoliberal". En ese contexto, el 27 de diciembre de 1995 el Estado Mexicano emitió la Ley de Inversión Extranjera, que contiene las reglas para canalizar la inversión extranjera hacía el país y propiciar que contribuya al desarrollo nacional.

Lo anterior es el gran marco de referencia para esta obra que se ocupa de los litigios en materia de inversión que se han iniciado por decisiones económicas en contra del Estado Mexicano, litigios que se analizan por expertos en Derecho Administrativo y otras disciplinas jurídicas. Por supuesto, como la obra contiene la aportación de varios especialistas, con sus diversos enfoques, hay información que se reitera, pero eso no

---

4 VALENZUELA FEIJÓO, J., "Economía Mexicana. Análisis y herramientas analíticas", J.V.F., México, ,2020, p. 23.

mina la originalidad de la obra, porque cada autor incorpora la información relacionada con los instrumentos internacionales de base con visión propia y la utiliza para sustentar sus propias conclusiones.

Así, la lógica que estructura el libro es la siguiente: 1) un marco referencial en donde encontramos las aportaciones generales y específicas asociadas a instrumentos internacionales, inversión, litigios y democracia, 2) que muestra el debate asociado con la materia energética, en particular el petróleo y la electricidad, y 3) una reflexión en torno a la deuda y la democracia.

En ese primer apartado Daniel Márquez Gómez se ocupa del tema: "El soft law en instrumentos internacionales y los litigios en los que el estado mexicano es parte", en su argumentación aborda el tema de la inversión y su impacto; menciona los litigios que enfrenta el Estado Mexicano con inversionistas extranjeros, por presuntas violaciones al Tratado de Libre Comercio de América del Norte (TLCAN), el Tratado México, Estados Unidos y Canadá (T-MEC), y varios Acuerdos para la Promoción y Protección Recíproca de las Inversiones (APPRI), destaca también el debate *hard law* y *soft law*, en esos instrumentos internacionales de naturaleza económica, diferencia entre los mecanismo para resolver litigios al arbitraje comercial internacional plasmados en instrumentos internacionales y la vía disponible en materia mercantil de la jurisdicción estatal, mostrando cómo el *soft law*, en el contexto de la teoría de fuentes del país, ha devenido en un *hard law* interno, por lo que, propone construir una serie de herramientas jurídicas que nos ayuden a superar las controversias Estado-inversionistas que dañan el desarrollo del país.

Continúa José René Olivos Campos, abordando las "Implicaciones de la inversión extranjera en México en el marco de los tratados de libre comercio y el desafío por la vía democrática", destaca el tema de la crisis económica de los años ochenta y el redimensionamiento del Estado Mexicano como un estado neoliberal y la apertura del mercado nacional, muestra el papel de los tratados internacionales en los litigios con inversores internacionales destacando sus costos e invita a repensar el liberalismo por la vía democrática.

La internacionalista Adelina Quintero Sánchez, en el estudio: "México ante el CIADI y las demandas internacionales en materia de inversión extranjera", enfatiza las múltiples ocasiones en las que nuestro país ha sido demandado en el marco del Tratado de Libre Comercio de América del Norte (TLCAN) y pronostica que lo será en el contexto del Tratado México, Estados Unidos y Canadá (T-MEC), destaca que los sectores más susceptibles a demanda son donde hay mayor inversión, muestra como las renegociaciones de tratados comerciales internacionales son evidencia de la postura a favor de proteger a la inversión extranjera y permitir su entrada sin ningún tipo de condicionamiento en todas las industrias y sectores del país. Menciona que se han ocasionado pérdidas multimillonarias, ruptura total con los inversionistas y costosos procesos en tribunales arbitrales, aboga por una revisión costo-beneficio y de los resultados obtenidos en los procesos judiciales internacionales por inversión en el CIADI con el TLCAN.

En el apartado tercero de la obra, dedicado al tema energético, se abre con el trabajo de la fiscalista Margarita Palomino Guerrero, que alude a los "Efectos económico financiero de la disputa comercial en materia energética en México a la luz del T-MEC", sostiene que nuestros socios comerciales: Estados Unidos y Canadá consideran que el actuar de México transgrede los acuerdos del T-MEC, porque la reforma 2021 a la Ley de la Industria Eléctrica da prioridad a la energía generada por la Comisión Federal de Electricidad; menciona que el Capítulo 8 del T-MEC estableció que México tenía soberanía sobre su petróleo y que el país se reserva sus derechos para modificar su constitución en materia energética según sus intereses, sin embargo, esa reserva no le permite se afecten los derechos y/o reglas acordadas en el Tratado, por lo que el cuestionamiento radica en identificar si la reforma a la LIE viola los principios de trato nacional, nación más favorecida, presencia local y acceso a mercados, establecidos en los tratados internacionales firmados y ratificados por México como el T-MEC, destacando que dar prioridad a la Comisión Federal de Electricidad o Pemex es contario a ese instrumento internacional.

Continuando con el análisis energético, el prestigiado analista Jaime Cárdenas Gracia, en: "El derecho soberano a la regulación interna: el caso de la energía eléctrica desde la constitución y el T-MEC", reflexiona en torno al acceso a los recursos naturales y a la energía eléctrica rechazando que se entiendan como "*commodities*", porque son bienes que pertenecen a todos, afirma que el T MEC se esgrimió por el gobierno de los Estados Unidos y por inversionistas extranjeros como una amenaza tendente a inhibir e impedir la aprobación de la reforma eléctrica del gobierno de la llamada Cuarta Transformación; destaca que los objetivos y fines de los tratados de libre comercio son promover el comercio y las inversiones, pero no restringir la soberanía de los pueblos. Rechaza que las clases dirigentes privaticen los recursos o procesos asociados al sector eléctrico, porque la economía se supeditaría a las directrices de los Estados hegemónicos o, peor aún, a los intereses de organismos financieros y empresas supranacionales, sostiene que la reforma a la Ley de la Industria Eléctrica de 9 de marzo de 2021 no es por sí misma contraria al texto del T-MEC, porque no implican expropiación directa o indirecta a los inversionistas y tampoco hay afectación alguna a derechos adquiridos de los inversionistas.

En "La Reforma a la Ley de la Industria Eléctrica y su compatibilidad con el Capítulo de Inversión del Tratado entre México, Estados Unidos y Canadá (TMEC)" Almudena Otero de la Vega, refuerza la postura de Jaime Cárdenas Gracia en torno a la reforma a la Ley de la Industria Eléctrica (LIE) de 9 de marzo del 2021, aludiendo a un cambio de paradigma; menciona que las modificaciones fueron objeto de una acción de inconstitucionalidad resuelta por la Suprema Corte de Justicia, afirmando que la configuración de la Reforma a la LIE del 2021 pretende fortalecer el sector energético mexicano para alcanzar la soberanía energética y fortalecer a la Comisión Federal de Electricidad, en su opinión la LIE es compatible con la reforma del capítulo 14 del TMEC, sostiene que se deberán contrastar los reclamos de las inversiones cubiertas y los inversionistas a la luz de la facultad regulatoria del Estado, tomar en cuenta las afectaciones a las inversiones, evaluar si los inversionistas extranjeros realmente están en circunstancias similares a los inversionistas nacionales y considerar los interesantes planteamientos esgrimidos por el Pleno de la SCJN, así como los votos particulares que confirmaron la validez constitucional de la reforma a la LIE.

También en el tema energético, con enfoque en el autoabasto, Georgina Zanella Velasco, en un breve y polémico apartado, en: "El capítulo anticorrupción del T-MEC y el autoabasto eléctrico", menciona que el autoabastecedor genera su electricidad a partir de cualquier fuente primaria de energía con el objeto de satisfacer sus necesidades de consumo, afirma que para otorgar los permisos de autoabastecimiento se debe cumplir con la condición de que la prestación del servicio público no se pueda ofrecer por la Comisión Federal de Electricidad; para ella, la finalidad del autoabastecimiento es la satisfacción de las necesidades de consumo individualmente consideradas, destacando que este mecanismo incurre en irregularidades administrativas, en materia de competencia económica, en el ámbito societario y en el cumplimiento en igualdad de condiciones de las tarifas de transmisión, considera al autoabasto como una figura de excepción en la Ley del Servicio Público de Energía Eléctrica, por lo que en su opinión se realiza con fraude a la ley, desvirtuando la *ratio legis* de su inclusión en el orden jurídico mexicano, lo que ha propiciado la creación de un mercado eléctrico paralelo al nacional en contravención al orden jurídico y en demérito patrimonial al Estado mexicano y a los mexicanos, lo que permite competencia desleal, al margen de la legalidad, orientada y sustentada por el ansia desbordada de lucro, desconociendo la noción de solidaridad humana y la visión de nación.

Por último, en un apartado único dedicado a las consecuencias de los litigios en materia de inversión, Héctor Miguel Fuentes Cortés en: "Estudio sobre la ilegitimidad de la deuda pública externa contraída por el estado mexicano", menciona que la celebración de tratados internacionales, como el T-MEC, justifica que se puedan incentivar intercambios comerciales con otras potencias económicas; destaca que las cifras de la deuda externa pueden sufrir un incremento significativo si se permite que prosperen los litigios entablados por inversionistas extranjeros en contra del Estado Mexicano, acudiendo a las directrices del Comité para la Abolición de Deudas Ilegítimas, para él, es necesario deslegitimar cualquier tipo de deuda pública que implique aminorar el reparto equitativo de los recursos derivados de nuestras actividades económicas que conllevan la mayor productividad e incremento del caudal nacional.

Como se puede advertir, el libro tiene una estructura que va de lo general a lo particular, de las causas a las consecuencias, con los límites que un espacio intelectual de esta naturaleza nos permite, los autores abordan el tema de los instrumentos internacionales suscritos por el Estado Mexicano, los litigios que se generan por su vulneración entre México y los inversionistas extranjeros; la reforma legal que pone en el escrutinio de la opinión pública el tema energético, en particular el relacionado con la industria eléctrica y, por supuesto, el problema soberano y normativo. Lo que le garantiza al lector el acceso a opiniones, quizá debatibles, tal vez cuestionables por su carga ideológica a favor de la soberanía, pero de profundidad, argumentadas en el derecho nacional e internacional y sustentadas en la evidencia que cada autor invoca, lo que contribuirá al desarrollo de otros análisis sobre los litigios en materia de inversión extranjera.

Ciudad Universitaria, Cd. Mx., agosto de 2023

DANIEL MÁRQUEZ GÓMEZ

Capítulo 1

El soft law en instrumentos internacionales y los litigios en los que el Estado mexicano es parte

DANIEL MÁRQUEZ GÓMEZ

I. INTRODUCCIÓN

Una inversión es cualquier instrumento en el que se colocan fondos con la esperanza de que obtendrán rentas o aumentará su valor. En el mercado de valores participan los gobiernos, las empresas y los particulares, como oferentes o demandantes de inversiones. El gobierno en sus niveles federal, estatal o municipal, requiere dinero para financiar gastos de capital, o sea, la construcción de infraestructura.[5] Lo anterior pone en evidencia el impacto de los procesos de inversión en la esfera pública de un país.

Desde esa perspectiva se debe asentar que México es receptor de inversión extranjera, por lo que en nuestro país, el artículo 2°, fracción II, de la Ley de Inversión Extranjera, define a la participación de capitales propiedad de no nacionales, en tres apartados: a) la participación en cualquier

---

5 Cfr. GITMAN, L., J., JOEHNEK, M., D., *Fundamentos de inversión*, tr. Juan Carlos Aguado Franco, Pearson-Loma Educación, Madrid, 2005..

porción de inversionistas extranjeros en el capital social de sociedades mexicanas; b) la realizada por sociedades mexicanas con mayoría de capital extranjero; y c) la participación de inversionistas extranjeros en las actividades y actos regulados por la ley.[6] En ese mismo precepto, se define al inversionista extranjero como: *la persona física o moral de nacionalidad distinta a la mexicana y las entidades extranjeras sin personalidad jurídica.*[7]

El 21 de julio de 2020 se publicó en medios de comunicación nacionales que: El gobierno de México enfrenta 12 demandas de inversionistas extranjeros que exigen pagos por nueve mil millones de dólares. Las demandas se promueven por supuestas violaciones al Tratado de Libre Comercio de América del Norte (TLCAN) y varios Acuerdos para la Promoción y Protección Recíproca de las Inversiones (conocidos como APPRI). Entre las demandantes se encuentran: *Odyssey Marine Exploration* por tres mil 540 millones de dólares[8]; Oro Negro reclama

---

6 En el artículo 7° de la Ley de Inversión Extranjera se menciona: 10% en Sociedades cooperativas de producción; 49% en fabricación y comercialización de explosivos, armas de fuego, cartuchos, municiones y fuegos artificiales, impresión y publicación de periódicos; acciones serie "T" de sociedades que tengan en propiedad tierras agrícolas, ganaderas y forestales; pesca en agua dulce, costera y en la zona económica exclusiva; administración portuaria integral; servicios portuarios de pilotaje; Sociedades navieras dedicadas a la explotación comercial de embarcaciones para la navegación interior y de cabotaje; Suministro de combustibles y lubricantes para embarcaciones y aeronaves y equipo ferroviario; radiodifusión; Servicio de transporte aéreo nacional regular y no regular; servicio de transporte aéreo internacional no regular en la modalidad de taxi aéreo; y, servicio de transporte aéreo especializado.

7 Que viene de un país distinto de la persona que habla, en el caso las personas no mexicanas y las empresas que se constituyan como en otro país.

8 Por la negativa del gobierno federal a su proyecto Don Diego, que consistía en la construcción de una mina submarina para dragar

una compensación de 270 millones de dólares;[9] PACC Offshore Services Holdings (POSH) de Sigapur tiene una demanda contra México por 200 millones de dólares más el pago del arbitraje internacional por afectaciones a su negocio;[10] la empresa inmobiliaria francesa *Lion Mexico Consolidated* reclamó 200 millones de dólares desde 2015;[11] *Espiritu Santo Holdings*, LP demandó a México bajo el Capítulo XI del TLCAN, la demanda quedó registrada ante el Centro Internacional de Arreglo de Diferencias Relativas a Inversiones (CIADI), el 11 de mayo de este 2020;[12] la nota destaca que: *Además de las demandas de indemnización ya formalizadas, el país ha recibido notificaciones de intención por un monto total de dos mil 300 millones de dólares.*[13]

---

fósforo durante 50 años en el Golfo de Ulloa, en Baja California Sur.

9 Porque en 2015 Pemex redujo las tarifas de arrendamiento de plataformas petroleras de la empresa y dos años después dio por terminado el contrato de manera anticipada.

10 Porque un juez federal declaró el concurso mercantil de Oceanografía, compañía con la que tenía inversiones en buques que fueron embargados.

11 Por la cancelación de tres pagarés y tres hipotecas a favor de la compañía por el Juzgado Noveno de lo Mercantil en Jalisco

12 El arbitraje se encuentra en la etapa de constitución del tribunal arbitral que dirimirá la controversia. Por distintas actuaciones del gobierno mexicano afectaron la inversión que se realizó en la empresa Lusad S. de R. L. de C.V., la cual es concesionaria para la sustitución, instalación y mantenimiento de taxímetros para el transporte público individual de pasajeros para la Ciudad de México (taxi) con sistema de geolocalización y para el desarrollo, operación y explotación de una aplicación móvil para solicitar el servicio de taxi de forma remota en la Ciudad de México.

13 La información se obtuvo de: Ramos, Juan Luis, México enfrenta demandas por al menos 9 mil mdd, Reclaman daños inversionistas de Odyssey Marine, Oro Negro, Espiritu Santo Holdings, y otras empresas, en EL SOL DE MÉXICO, «México enfrenta demandas por al menos 9 mil mdd» [en línea], (2020), <https://www.elsoldemexico.com.mx/finanzas/mexico-enfrenta-demandas-por-al-menos-9-mil-

Como se advierte, las inversiones no sólo constituyen fuentes de inversión o capitales para un Estado, también pueden ser fuente de litigio y, eventualmente, de pagos, o sea, desembolsos de capital, ¿cómo entender la paradoja de que un Estado que, a través de su legislación y la suscripción de internacionales, busca incentivar la inversión termine demandado y pagando recursos financieros? Por lo anterior el propósito del presente trabajo es analizar la legislación aplicable a los litigios en los que se ha se encuentra inmerso nuestro país, a partir del contenido de los instrumentos internacionales que sirven de sustento a las demandas; mostrando, en la medida de lo posible, atendiendo a reserva del litigio, los aspectos fácticos y jurídicos, analizando las soluciones normativas y proponiendo soluciones generales o particulares a las problemáticas observadas.

II. LITIGIOS EN MATERIA DE INVERSIÓN

Un litigio es un pleito, controversia o proceso del que se pueden desprender consecuencias jurídicas para las partes; en materia de inversión extranjera es la controversia o disputa que surge entre inversionistas extranjeros y un Estado receptor de su inversión. Para resolver los litigios o controversias en materia de inversión que surgen entre los inversionistas y las sociedades de nacionalidad extranjera y los Estados, se encuentran el arbitraje comercial internacional a través de mecanismos supranacionales de solución de controversias plasmados en instrumentos internacionales o acudir a vía disponible en materia mercantil –como en el caso de México— de la jurisdicción estatal.[14]

mdd-inversiones-extranjeras-odyssey-marine-oro-negro-espiritu-santo-holdings-5520031.html>, [Consulta: 15/01/23].

14 PEREZNIETO, L., SILVA, J., "Derecho Internacional Privado Parte especial", Oxford University Press, México, 2012.. Véase también

En un análisis de la normatividad en la materia, Rafael-Andrés Velázquez Pérez, sostiene que el Derecho internacional de las inversiones estaba constituido, en el periodo que denomina "clásico", por una red de Tratados de Amistad, Comercio y Navegación, donde la protección a los inversionistas extranjeros tenía como base los principios de Derecho internacional con tres sectores: el trato al extranjero, la responsabilidad internacional del Estado y la protección diplomática. Ya en el siglo XX se crean comisiones de reclamación y tribunales arbitrales mixtos. Resume la posición de los inversores, destacando: los gobiernos tenían derecho a expropiar la propiedad de los extranjeros cuando cumplieran con los requisitos del derecho internacional por utilidad púbica, sin discriminación y a través de una compensación pronta, adecuada y efectiva.[15]

A principios del siglo XX, existen dos corrientes enfrentadas en materia de inversión extranjera: la defensora de los Estados y la de los intereses de los inversionistas. Además, de la autoría del jurista Carlos Calvo, surge la "doctrina Calvo", que en términos generales establecía que, en el caso de daños a sus personas o bienes, los extranjeros debían aceptar trato nacional. De la otra parte se encuentra la "doctrina Hull", derivada de la aportación Cordel Hull, secretario de Estado de Estados Unidos, quien defendía la expropiación de bienes de extranjeros cuando se siguieran criterios económicos y se pagara una indemnización.

En los numerales 1, 2 y 4 de la Resolución 1803 (XVII) de la Asamblea General de la Organización de las Naciones Unidas

---

CATTAFI, C., *Derecho Internacional Público. Volumen* 1, Arreglo pacífico de diferencias, Editorial Digital del Tecnológico de Monterrey, México, 2016.

15 VELÁZQUEZ PÉREZ, R., A., "Inversiones extranjeras sostenibles (Un análisis alternativo del Derecho Internacional de inversiones enfocado sobre Cuba)", España, Bosch, 2015.

de 14 de diciembre de 1962, sobre la "Soberanía Permanente sobre los recursos naturales", que tiene como antecedente la Resolución 1515 (XV) de 15 de diciembre de 1960, se refrenda el derecho de los pueblos y naciones a la "soberanía permanente sobre sus riquezas y recursos naturales"; destaca que la importación de capital extranjero debe conformarse a las reglas y condiciones que esos pueblos y naciones libremente consideren necesarios o deseables; y que la nacionalización, la expropiación o la requisición deberán fundarse en razones o motivos de utilidad pública, de seguridad o de interés nacional, destacando que se pagará al dueño la indemnización correspondiente, con arreglo a las normas en vigor en el Estado que adopte estas medidas en ejercicio de su soberanía y en conformidad con el derecho internacional. También prescribe que la cuestión de la indemnización que dé origen a un litigio, debe agotarse la jurisdicción nacional del Estado que adopte esas medidas y que por acuerdo entre Estados soberanos y otras partes interesadas, el litigio podrá dirimirse por arbitraje o arreglo judicial internacional.[16] Con lo que se plasma en esta recomendación los derechos de los inversionistas.

El contenido de la "doctrina Calvo" está presente en el artículo 27 de la Constitución Política de los Estados Unidos Mexicanos, destacando, en su párrafo segundo, que las expropiaciones sólo podrán hacerse por causa de utilidad pública y mediante indemnización; además, en su fracción I permite a los extranjeros el derecho de adquirir el dominio de las tierras, aguas y sus accesiones o para obtener concesiones de explotación de minas o aguas, siempre que convengan ante la Secretaría de Relaciones en considerarse como nacionales respecto de dichos bienes y en no invocar por lo mismo la

---

16 Resolución 1803 (XVII) de la Asamblea General, de 14 de diciembre de 1962, titulada "Soberanía permanente sobre los recursos naturales", 1197ª sesión plenaria, de 18 de diciembre de 1962.

protección de sus gobiernos por lo que se refiere a aquéllos; bajo la pena, en caso de faltar al convenio, de perder en beneficio de la Nación, los bienes que hubieren adquirido en virtud del mismo. Con lo que nuestro país se adhiere a los contenidos de esa doctrina Calvo.

En la década de los sesenta del siglo XX surgen los Acuerdos de Protección y Promoción Recíproca o Tratados Bilaterales de Inversiones (APRI o TBI/BIT), el primero se suscribió en la década de los cincuenta (1959) entre Alemania y Pakistán; a partir del Convenio sobre Arreglo de Diferencias relativas a Inversiones entre Estados y Nacionales de otros Estados o Convenio de Washington de 1965, que crea el Centro Internacional de Arreglo de Diferencias Relativas a Inversiones (CIADI), que como lo prescribe el artículo 2°, numeral (2), tiene por objeto facilitar la sumisión de las diferencias relativas a inversiones entre Estados Contratantes y nacionales de otros Estados Contratantes a un procedimiento de conciliación y arbitraje, cuando se popularizan los APRI o TBI/BIT.

Otros instrumentos internacionales con disposiciones en materia de inversión extranjera son los Acuerdos Multilaterales de Inversiones, impulsados por la Organización para la Cooperación y el Desarrollo Económico (OCDE). Recientemente, en el contexto de procesos de integración regional, se han incorporado capítulos de inversiones en el Tratado Constitutivo de la Comunidad Europea; en el Tratado para la Protección de las Inversiones Extranjeras (ASEAN); en el Tratado sobre la Carta de Energía; en el Tratado de Libre Comercio entre Estados Unidos, Centroamérica y República Dominicana (CAFTA-DR), el Acuerdo de Inversión para la Zona Común de Inversión (COMESA) de África y el Tratado de Libre Comercio de América del Norte (TLCAN), por citar algunos ejemplos.

Otros instrumentos internacionales que contienen normas relacionadas con inversiones extranjeras son os acuerdos de la Organización Mundial de Comercio, denominados: Acuerdo

General sobre el Comercio de Servicios (AGCS) y el Acuerdo sobre las Medidas en Materia de Inversiones Relacionadas con el Comercio (MIC), el primero contiene normas relacionadas con los servicios de inversiones locales o presencia comercial en un país extranjero; el segundo remite al Acuerdo General de Aranceles y Comercio (GATT), un acuerdo multilateral de la década de los 40 del siglo XX, impulsado por Eric Wyndham White, director de la División sobre Comercio Internacional y Balanza de Pagos de la Organización de las Naciones Unidas, en diciembre de 1994 el Acuerdo sobre la Organización Mundial de Comercio (OMC) el GATT de 1947 surte efectos jurídicos como parte del GATT de 1994, que a su vez, se integró en el Anexo 1A de la OMC.

El 17 de diciembre de 1992 se firmó el Tratado de Libre Comercio de América del Norte (TLCAN), entre México, Estados Unidos y Canadá;[17] posteriormente, el 30 de septiembre de 2018, los mismos países acordaron modernizar el TLCAN, y el 30 de noviembre de 2018 firmaron el Tratado entre México, Estados Unidos y Canadá (T-MEC/USMCA).[18]

---

17 Su firma en México fue el de 17 diciembre de 1992, el Senado de la República lo aprobó el 22 noviembre de 1993; su aprobación se publicó en Diario Oficial de la Federación del 8 de diciembre de 1993; se promulgó el 20 y 21 de diciembre de 1993 y entró en vigor el 1° de enero de 1994.

18 El 30 de mayo de 2019 el Presidente de México entregó al Senado los textos del T-MEC para su consideración y se aprueba el 19 de junio de 2019, y se publica en el Diario Oficial de la Federación de 29 de junio de 2020, a través del "Decreto Promulgatorio del Protocolo por el que se Sustituye el Tratado de Libre Comercio de América del Norte por el Tratado entre los Estados Unidos Mexicanos, los Estados Unidos de América y Canadá, hecho en Buenos Aires, el treinta de noviembre de dos mil dieciocho; del Protocolo Modificatorio al Tratado entre los Estados Unidos Mexicanos, los Estados Unidos de América y Canadá, hecho en la Ciudad de México el diez de diciembre de dos mil diecinueve; de seis acuerdos paralelos

Así, se afirma que los sistemas de resolución de controversias en materia de inversiones pueden revestir diferentes formas, ya sea un arbitraje *ad hoc* o institucional, con información a 2015 se destaca que el mecanismo de arbitraje internacional más utilizado es el CIADI, en donde se presenta el 62% de los conflictos en esta materia; el 18% de los conflictos se presenta ante la CNUDMI; los restantes litigios se presentan ante el Instituto de Arbitraje de la Cámara de Comercio de Estocolmo, la Corte de la Cámara de Comercio Internacional de Paris o la Corte de Arbitraje Internacional de Londres.[19]

Todos estos instrumentos e instancias de solución de controversias contienen y forman parte de las protecciones sustantivas a la inversión extranjera, de ellos se desprende garantías en caso de expropiación; principios de equidad y trato justo a los inversionistas; proscripción de la arbitrariedad y de medidas discriminatorias; derecho a trato igual al de los inversionistas nacionales; y la cláusula de la nación más favorecida, entre otros.

---

entre el Gobierno de los Estados Unidos Mexicanos y el Gobierno de los Estados Unidos de América, celebrados por intercambio de cartas fechadas en Buenos Aires, el treinta de noviembre de dos mil dieciocho, y de dos acuerdos paralelos entre el Gobierno de los Estados Unidos Mexicanos y el Gobierno de los Estados Unidos de América, celebrados en la Ciudad de México, el diez de diciembre de dos mil diecinueve".

19 VELÁZQUEZ PÉREZ, R., A., "Inversiones extranjeras sostenibles (Un análisis alternativo del Derecho Internacional de inversiones enfocado sobre Cuba)", España, Bosch, 2015.

III. EL DEBATE HARD LAW Y *SOFT LAW* EN MATERIA DE INVERSIONES

Las fuentes tradicionales del Derecho Internacional se encuentran en el artículo 38, numeral 1, del Estatuto de la Corte Internacional de Justicia, y son: a. las convenciones internacionales, sean generales o particulares; b. la costumbre internacional; c. los principios generales de derecho reconocidos por las naciones civilizadas; y d. las decisiones judiciales y las doctrinas de los publicistas de mayor competencia de las distintas naciones; a estas normas se les puede denominar *hard law* internacional. En cambio, a las normas internacionales, del denominado Derecho Internacional Económico, se les llama *soft law*, palabra creación de Lord Arnold Duncan McNair, quien la usó para describir enunciados normativos formulados como principios abstractos que devenían operativos a través de su aplicación judicial.[20] En otra interpretación, se destaca que la creación de Lord Mcnair se generó inicialmente para hacer una distinción en proposiciones de *lege lata*, o sea, de derecho existente y la l*ege ferenda* (principios abstractos presentes en ordenamiento provenientes de la interpretación judicial), esto es, derecho ideal.[21] Eduardo Calderón Marenco agrega a esa delimitación del soft law, a las decisiones arbitrales.[22]

---

20 Citado en: Mazuelos Bellido, Ángeles, "Soft Law: ¿mucho ruido y pocas nuevces?", en: Revista Electrónica de Estudios Internacionales, Número 8, diciembre 2004, p. 1., la autora cita en su apoyo, entre otros, al profesor René-Jean M. Dupuy: "Droit déclaratoire et droit programmatoire: de la coutume sauvage a la 'soft law'".

21 Véase: CORTES CABRERA, B., A., "El Soft law y su aplicación en el derecho comercial", Revista Tribuna Internacional, vol. 3. N.6 , 2014, pp. 55-69.

22 Calderón Marenco, Eduardo, "Los incoterms como instrumento de derecho suave (soft law)", en: Revist@ E-Mercatoria, vol. 17, n.° 1, enero-junio, 2018. DOI: https://doi.org/10.18601/16923960.v17n1.02.

Para René-Jean M. Dupuy, la creación de Lord McNair, es el derecho indicativo o normas cuyo contenido es impreciso y de vago alcance.[23] En el Diccionario Panhispánico del Español Jurídico, se le define como: un conjunto de normas o reglamentaciones no vigentes que pueden ser consideradas por los operadores jurídicos en materias de carácter preferentemente dispositivo y que incluye recomendaciones, dictámenes, códigos de conducta, principios, etc.[24]

En atención a que el *soft law* es una serie de recomendaciones, visitas técnicas, códigos de conducta, estándares y leyes modelo, que se incorporaron al Derecho Económico Internacional y que se aplican al Derecho Internacional de las Inversiones.[25] Es importante reflexionar en torno a sus usos. La utilidad del *soft law*, en la opinión de Andreas Zimmermann, radica en que: *Muchos regímenes de tratados modernos se basan en gran medida en acuerdos complementarios no vinculantes o leyes no*

---

23 DUPUY, RENE-JEAN M., "Droit déclaratoire et droit programmatoire: de la coutume sauvage a la 'soft law'", L'élaboration du droit international public. en Societé francaise pour le Droit International public, Colloque de Toulouse, Leiden, Sijthof, 1975. P.p. 132-148. En donde se lee: *C'est ici que l'on voit utilisée la notion de "soft law"; encore qu'elle s'honore du parrainage éminent de Lord Mc Nair, elle ne laisse de décontenancer le juriste: évocatrice certes de ce transit dans lequel se situant des normes dont le contenu reste imprécis et la port´´e vague, elle saurit trouver d'autre traduction en francais que "droit mou" ou mieux "droit vert", pour exprimer la maturité insuffisante de la régle de droit.* También en: Abi-Saab, Georges, «Éloge du droit assourdi: quelques réflexions sur le role de la soft law en droit international contemporain», en Nouveaux itineraires en droit. homage á Francois Rigaux, Bruxelles, Vruylant, 1993, pp. 59, 60 y 68.

24 RAE, «Diccionario Panhispánico del Español Jurídico, soft law» [en línea], <https://dpej.rae.es/lema/soft-law> [consulta: 15/01/23].

25 VELÁZQUEZ PÉREZ, R., A., "Inversiones extranjeras sostenibles (Un análisis alternativo del Derecho Internacional de inversiones enfocado sobre Cuba)", España, Bosch, 2015.

vinculantes para detallar un poco más los compromisos de leyes duras y hacerlos más específicos.[26]

Como se advierte, el *soft law* es complementario al *hard law*, en ese sentido, al integrarse a instrumentos internacionales, cabría preguntarse: ¿no estamos variando la naturaleza del *soft law* al incluirlo en decisiones de *hard law*? El problema base es lo que perfilaría una de las posibles soluciones al tema de los litigios en materia de inversiones, esto es, la incomprensión de esta síntesis normativa, entre el derecho existente y ciertos principios que contribuyen a dirimir ciertas clases de conflictos, como los relacionados con inversión extranjera, en términos de equidad.

Para enfrentar el problema de las decisiones adversas en materia de inversión; desde las instancias gubernativas de la Cuarta Transformación se alega el problema de la soberanía. Por supuesto la visión de soberanía o *super omnia* a la que se alude es la de Jean Bodin en *Los seis libros de la República*, como: "poder absoluto y perpetuo de una república", ese poder para Bodin es "perpetuo", no limitada en poder o responsabilidad o tiempo, un "poder" superior a los demás poderes del Estado.[27] No obstante, es necesario destacar que el autor distingue entre el derecho y la ley. Para él, la diferencia es: *El derecho implica sólo la equidad; la ley conlleva mandamiento.*[28]

Así, el tema de la soberanía con sus diversos sentidos, esto es, como poder supremo dentro del estado; como independencia; o como autoridad que un Estado tiene sobre su territorio y ciudadanos; es un concepto que ha tenido fuertes impactos en la ciencia jurídica, en la ciencia de la teoría del Estado. Aquí

---

26 instruments with extralegal binding effect

27 BODIN, J., "Los seis libros de la República", sel., tr., est., Pedro Bravo Gala, 3ª ed., Madrid, Tecnos, 1997.

28 Ibídem.

viene una de las grandes problemáticas del derecho económico internacional, si sus normas son de *soft law* en muchos aspectos entran en coalición con el derecho legislado y en otros en colisión, a saber, se relacionan con la resolución de problemas a partir de su contexto principalista y en otros aspectos se disocian de las soluciones que el Estado aplica desde su orden jurídico interno, vía un conjunto de decisiones jurisdiccionales sustentadas en la equidad. Lo que evidencia su cercanía con las tesis del siglo XVI ya destacadas de Bodin.

Ahora, aquí adquiere importancia la visión de Karl Loewenstein en torno a la idea de la soberanía; para este autor tenemos un problema de política, porque para él, la política es la lucha por el poder. Aboga en su *Teoría de la Constitución* por la creación de una "cratología", una ciencia que analice el fenómeno del poder. El mismo autor, Karl Loewenstein, dice que el fenómeno del poder sustituye el interés científico por el concepto de soberanía. Sostiene que la soberanía no es más ni menos que la racionalización jurídica del factor poder constituyendo éste el elemento irracional de la política, y, en su opinión, soberano es el que está legalmente autorizado en la sociedad estatal para ejercer el poder político o aquel que en último término lo ejerce.[29] Como se advierte, a partir de la década de los sesenta –la edición que consultamos de la *Teoría de la Constitución*, es de 1961—se tenía claro el nexo entre poder, soberanía y derecho, es más los compromisos destacados en instrumentos internacionales son la expresión de esa "soberanía".

También es trascendente recordar la gran delimitación aristotélica, «Un ciudadano sin más por ningún otro rasgo se define mejor que por participar en las funciones judiciales y en el

---

[29] LOEWENSTEIN, K., "Teoría de la Constitución", tr., y est., Alfredo Gallego Anabitarte, 1ª ed., 4ª reimp., Barcelona, Ariel, 1986.

gobierno», o sea, ejerce la función deliberativa o judicial.[30] El nombramiento de magistrados es la expresión de lo democrático, por una parte, y por la otra la jurisdicción es la posibilidad de interactuar desde el punto de vista de sujeto de derechos con las instituciones de solución de conflictos de un Estado y, quizá, una problemática que no hemos advertido es que el hecho de que instrumentos internacionales se desautorice a inversores a acudir a jurisdicciones de derecho internacional que originalmente estaban reservadas para los Estados, es precisamente la expresión de cómo estos sujetos adquieren un poder político relevante en un Estado.

Lo anterior nos acredita que la soberanía como expresión de una tensión entre la política y el derecho, o si se quiere, la soberanía y las leyes, en el caso de inversiones extranjeras, es una de las problemáticas sustanciales del Estado moderno y que impactan por lo menos todo lo que es finales del siglo XIX, todo lo que es el siglo XX y, que hoy en el siglo XXI, posiblemente sea necesario reconstruirla.

IV. LA RESOLUCIÓN DE CONFLICTOS EN MATERIA DE INVERSIÓN EN INSTRUMENTOS INTERNACIONALES

Lo anterior nos permite destacar, de nuevo, estas dialécticas que están presentes en el derecho internacional que, si nosotros acudimos, por ejemplo, a delimitar lo que es controversia o litigio en ese campo del derecho tendremos que recurrir a ciertos casos en donde se fijó esa cuestión, como es el caso: *The Mavrommatis Palestine Concessions* de 30 de agosto

---

30 ARISTÓTELES, "La política", int., tr., not., Manuela García Valdés, Madrid, Gredos, 1988.

1924 en donde se define: *A dispute is a disagreement on a point of law or fact, a conflict of legal views or of interests between two persons.*[31]

El desacuerdo o litigio se somete a un procedimiento, el arreglo pacífico de controversias que han incluido los países en diversos instrumentos de derecho internacional. Existen jurisdiccionales y no jurisdiccionales. En los jurisdiccionales hay órganos unipersonales o colegiados que tienen la función de adjudicar sobre el fondo de la cuestión cuyas decisiones se vienen obligatorias. En cambio, los no jurisdiccionales se vinculan o se asocian a la voluntad de las partes.

Entre los jurisdiccionales tenemos el arbitraje vía un tribunal arbitral, órgano *ad hoc*, tenemos el arreglo judicial y el propio procedimiento judicial. En cambio, en los no jurisdiccionales hay algunos que se dan con intervención de un tercero y otros sin Intervención de un tercero y entre los primeros tenemos los buenos oficios, la mediación, la conciliación, las comisiones de investigación, la encuesta, la determinación de hechos y en el caso de los segundos la negociación.

En el caso Ambatielos entre Grecia y Reino Unido del 19 de mayo 1953, se resuelve una cuestión de fondo en torno a si es obligatorio o no un arbitraje y la corte concluye que se trata de un litigio en el que el gobierno de Grecia presenta en nombre de una persona privada una reclamación fundada en el tratado de 1876 y que la controversia entre las partes es de las que con arreglo a la declaración de 1926 deben ser sometidas a arbitraje. Lo anterior se ha interpretado en el derecho internacional

---

31 The Mavrommatis Palestine Concessions, PCIJ Series A. No 2, que afirma: Un litigio es una disputa, un desacuerdo sobre un punto de hecho o de derecho, un conflicto de puntos de vista legales o de intereses entre dos personas.

como la obligación que en ciertos casos tienen los Estados de someter determinados litigios al arbitraje.[32]

¿Cuál es la trascendencia de esto?, es que México ha realizado una fusión significativa entre nuestro derecho internacional y nuestro derecho interno. Si recordamos en términos de nuestra teoría de fuentes el artículo 133 de la Constitución Política de los Estados Unidos Mexicanos, donde se prescribe que la constitución, los tratados internacionales, cuando se realizan a través de cierto mecanismo de negociación por el ejecutivo y los aprueba el Senado de la República, que a su vez se integra por los firmantes del pacto de *foedus*, devienen por ese solo hecho ley suprema de la unión.

Por supuesto podemos entrar al debate en torno a la teoría de fuentes en términos de lo que ha determinado la corte en los expedientes 489/2010 varios, 912/2010 varios y la contradicción de tesis 293/2011 pero, al final, tendremos que llegar a una conclusión.[33] La propia Suprema Corte de Justicia de

---

32 Ambatielos (Greece v. United Kingdom), Judgment–Merits: obligation to arbitrate–19 May 1953.

33 En el expediente 489/2010 varios se debatió el problema de la condena al Estado Mexicano, derivada del Caso Radilla Pacheco resuelto por la Corte Internamericana de Derechos Humanos y se ordenó retornar el expediente. En el expediente 912/2010 varios, a partir, del numeral 23 "SÉPTIMO. Control de convencionalidad ex officio en un modelo de control difuso de constitucionalidad" inicia el debate en torno al control de convencionalidad; y en el numeral 33 se menciona: la interpretación conforme en sentido amplio; la interpretación conforme en sentido estricto; y la inaplicación de la ley cuando las alternativas anteriores no son posibles. En el expediente 293/2011 se resolvieron dos cuestiones: 1) Las normas de derechos humanos, independientemente de su fuente, no se relacionan en términos jerárquicos, entendiendo que cuando en la Constitución haya una restricción expresa al ejercicio de los derechos humanos, se deberá atender a lo que indica la norma constitucional, y 2) La jurisprudencia emitida por la Corte Interamericana de Derechos

la Nación ha aceptado el papel que juegan los instrumentos internacionales en la generación el derecho interno y para mí esto es muy importante porque muestra una fusión entre *soft law* y *hard law*.

Esto me lleva a destacar que los clausulados de los instrumentos internacionales como el tratado entre México, Estados Unidos y Canadá, como por supuesto este vínculo asociativo que formulamos con la asociación mundial de comercio el famoso TLCAN o Tratado de Libre Comercio de América del Norte y otros tratados similares más los acuerdos recíprocos de inversiones evidentemente que se comunican de ese proceso genera este debate en torno a las hermenéuticas del art. 133 constitucional y del 1ro constitucional. Quizá los tratados de comercio, sobre todo en la temática de inversiones, no sean instrumentos vinculantes en materia de derechos humanos, sino quizá, sean instrumentos de otra naturaleza.

Diría sustantivamente, si aceptamos que, desde el 26 de agosto de 1789, en pleno siglo XVIII, uno de los derechos humanos que se protegía era el de la propiedad y si destacamos, además, que en el caso de una inversión lo que tenemos sustancialmente es a una persona disponiendo de una porción de su propiedad, para mí, lo que tendríamos sería derechos humanos asociados o vinculados a la famosa primera generación: "derechos civiles y políticos", pero eventualmente, por el nexo de la inversión con el desarrollo podrían devenir en derechos sociales.

Lo anterior nos regresa a las instancias que se reglan en los instrumentos internacionales de comercio o inversiones para la resolución de controversias; como ejemplo encontramos a la Comisión de las Naciones Unidas para el Derecho

---

Humanos es vinculante para las y los jueces mexicanos, siempre que dicho precedente favorezca en mayor medida a la persona.

Mercantil Internacional, el Centro Internacional de Arreglo de Diferencias relativas a Inversiones, los Acuerdos para la Promoción y Protección Recíproca de las Inversiones. El impacto de estos instrumentos es significativo, porque según la Conferencia de las Naciones Unidas sobre Comercio y Desarrollo (UNCTAD, o sea, *United Nations Conference on Trade and Development*), el número de Acuerdos Internacionales de Inversión (international investment agreements o IIA) a 2021 es de 3,288 de estos 2558 se encuentran en vigor.[34] Además, según la misma instancia, en 2021, las disputas entre Estados e inversionistas (*investor–State dispute settlement* ó ISDS) fueron de 1,190 casos, destacando que dos Acuerdos Internacionales de Inversión –*the Energy Charter Treaty* (ECT) and *North America Free Trade Agreement* (NAFTA) son los instrumentos que se invocan con más frecuencia en estas disputas.[35] Lo anterior pone en evidencia el potencial litigioso del contenido de los instrumentos económicos internacionales que suscribe el Estado Mexicano.

El acceso al mecanismo arbitral del CIADI en términos del artículo 25, numerales 1 a 4, del Convenio sobre Arreglo de

---

34 UNCTAD, «World Investment Report 2022, Chapter 2 Recent Policy Developments and Key Issues, Reform of the investment traty regime is accelerating and figure 9 Number of IIAS signed, by decade, 1961-2022», [en línea], (2022) <https://worldinvestmentreport.unctad.org/world-investment-report-2022/chapter-2-recent-policy-developments-and-key-issues> [Consulta: 10/01/23].

35 UNCTAD, « World Investment Report 2022, Chapter 2 Recent Policy Developments and Key Issues, ISDS cases are up to 1,200 and figure 10 Trends in known traty-based ISDS cases, 1987-2021», [en línea], (2022) <https://worldinvestmentreport.unctad.org/world-investment-report-2022/chapter-2-recent-policy-developments-and-key-issues/> [Consulta: 10/01/23].

(ISDS) cases to 1,190 (figure 10). Two IIAs signed in the 1990s – the Energy Charter Treaty (ECT) and NAFTA – continued to be the instruments invoked most frequently.

Diferencias Relativas a Inversiones entre Estados y Nacionales de otros Estados, Washington 1965, exige: a) que exista una controversia entre un Estado Contratante (o cualquiera subdivisión política u organismo público de un Estado Contratante acreditados ante el Centro por dicho Estado) y el nacional de otro Estado Contratante y que las partes hayan consentido por escrito en someter al Centro; b) por "nacional de otro Estado Contratante" se entiende: i) toda persona natural que tenga la nacionalidad de un Estado Contratante distinto del Estado parte en la diferencia; e, ii) toda persona jurídica que tenga la nacionalidad de un Estado Contratante distinto del Estado parte en la diferencia, y las personas jurídicas que, teniendo en la referida fecha la nacionalidad del Estado parte en la diferencia, las partes hubieren acordado atribuirle tal carácter; c) el consentimiento de una subdivisión política u organismo público de un Estado Contratante requerirá la aprobación de dicho Estado, salvo que este notifique al Centro que tal aprobación no es necesaria; 4) la ratificación, aceptación o aprobación del Convenio o notificar al Centro la clase o clases de diferencias que aceptarían someter, o no, a su jurisdicción.

V. A MANERA DE CONCLUSIÓN: INSTRUMENTOS INTERNACIONALES Y LITIGIOS EN LOS QUE EL ESTADO MEXICANO ES PARTE

El *Investor-State Dispute Settlement* (ISDS) o mecanismo de solución de disputas inversionista-Estado: "permite a los inversionistas extranjeros, principalmente grandes empresas transnacionales y fondos de inversión, demandar a Estados ante tribunales de arbitraje internacionales si consideran que las leyes, las regulaciones, las decisiones judiciales u otras medidas tomadas por el Estado violan las protecciones que tienen bajo un tratado".[36]

Con información del *Transnational Institute*,[37] se advierte datos que llaman la atención: México se encuentra entre los 6 países más demandados del mundo por inversores extranjeros; nuestro país es parte de 31 Acuerdos para la Promoción Recíproca de Inversiones (APRI), o Tratados Bilaterales de Inversión (TBI), además, cuenta con 11 tratados de libre comercio (TLC), con un capítulo de inversiones y permiten el recurso al arbitraje de inversiones, que consideran el mecanismo arbitral para resolver conflictos entre inversionistas y Estado; además, con 38 casos en total, México se encuentra hoy entre los seis países más demandados del mundo por inversionistas extranjeros ante tribunales de arbitraje internacional y es el tercer país más demandado de América Latina y el Caribe.

En este sentido cobra trascendencia la Quinta Parte: "Inversión, servicios y asuntos relacionados", Capitulo XI "Inversión", Sección A "Inversión", Artículo 1101: "Ámbito de aplicación" del Tratado de Libre Comercio de América del Norte o TLCAN, que destaca su aplicación a las medidas que adopte un Estado parte: a) los inversionistas de otra Parte; (b) las inversiones de inversionistas de otra Parte realizadas en territorio de la Parte; y (c) en lo relativo al Artículo 1106 y 1114, todas las inversiones en el territorio de la Parte; además, en ese capítulo están presentes los principios base de las

---

36 T TRANSNATIONAL INSTITUTE, ISDS IMPACTOS, «Los impactos del sistema de protección de inversiones en América latina» [en línea], (2018) <https://isds-americalatina.org/perfiles-de-paises/mexico/> [Consulta:12/01/23].

37 TRANSNATIONAL INSTITUTE, ISDS IMPACTOS, «Los impactos del sistema de protección de inversiones en América latina» [en línea], (2018) <https://isds-americalatina.org/perfiles-de-paises/mexico/> [Consulta:12/01/23].

disputas inversor-Estado, como son los de "trato nacional" (Artículo 1102) y el de "nación más favorecida" (Artículo 1103); destacando, en el artículo 1104, que cada parte otorgará a los inversionistas y a las inversiones de los inversionistas de otra parte el mejor de los tratos requeridos por los artículos 1102 y 1103. El artículo 1110 "Expropiación y compensación" destaca que la nacionalización o expropiación, directa o indirecta, sólo procede por: a) por causa de utilidad pública; b) sobre bases no discriminatorias; c) con apego al principio de legalidad y al artículo 1105; y d) mediante indemnización conforme a los párrafos 2 a 6, de estos destacamos que: "La indemnización será equivalente al valor justo de mercado que tenga la inversión expropiada inmediatamente antes de que la medida expropiatoria", entre otros aspectos,

En lo que se refiere a la solución de controversias en esta materia, la Sección B. "Solución de controversias entre una Parte y un inversionista de otra Parte", destaca en el artículo 1115 que su objetivo es establecer un mecanismo para la solución de controversias en materia de inversión que asegura, tanto trato igual entre inversionistas de las Partes de acuerdo con el principio de reciprocidad internacional, como debido proceso legal ante un tribunal imparcial; así, permite la reclamación del inversionista de una Parte, por cuenta propia (artículo 1116), y la reclamación del inversionista de una Parte, en representación de una empresa (artículo 1117), en el numeral 1118 alude a la solución de controversias mediante consulta y negociación, destacando que: *Las partes contendientes intentarán primero dirimir la controversia por vía de consulta o negociación.* Por último, en este breve análisis, el artículo 1120 "Sometimiento de la reclamación al arbitraje" establece que: Salvo lo dispuesto en el Anexo 1120.1 y siempre que hayan transcurrido seis meses desde que tuvieron lugar los actos que motivan la reclamación, un inversionista contendiente podrá someter la reclamación a arbitraje de acuerdo con: a) el Convenio de CIADI, siempre que tanto la Parte contendiente como la Parte del inversionista, sean Estados parte del mismo; b) las Reglas del Mecanismo Complementario del CIADI, cuando la Parte contendiente o la Parte del inversionista, pero no ambas, sea Parte del Convenio del CIADI; o, c) las Reglas de Arbitraje de CNUDMI.

Del T-MEC se debe considerar el contenido del Capítulo 14 Inversión que, por su amplitud no lo estudiaremos en su totalidad, en su apartado de definiciones, artículo 14.1, prescribe que inversión significa todo activo de propiedad de un inversionista o controlado por el mismo, directa o indirectamente, que tenga las características de una inversión, incluidas características tales como el compromiso de capital u otros recursos, la expectativa de obtener ganancias o utilidades o la asunción de riesgo. Una inversión podrá incluir: (a) una empresa; (b) acciones, valores y otras formas de participación en el capital de una empresa; (c) bonos, obligaciones, otros instrumentos de deuda y préstamos; (d) futuros, opciones y otros derivados; (e) contratos de llave en mano, de construcción, de gestión, de producción, de concesión, de participación en los ingresos y otros contratos similares; (f) derechos de propiedad intelectual; (g) licencias, autorizaciones, permisos y derechos similares otorgados de conformidad con el ordenamiento jurídico de una Parte; y (h) otros derechos de propiedad tangibles o intangibles, muebles o inmuebles y derechos de propiedad relacionados, tales como gravámenes, hipotecas, garantías en prenda y arrendamientos.

Ese mismo apartado establece que la inversión cubierta significa una inversión en su territorio de un inversionista de otra Parte que exista a partir de la fecha de entrada en vigor de este Tratado o que se haya establecido, adquirido o expandido posteriormente.

Al inversionista de una parte se le define como o un nacional o una empresa de una Parte, que pretende realizar, está realizando o ha realizado una inversión en el territorio de otra Parte, a condición de que: (a) una persona física que tenga doble nacionalidad se considere exclusivamente nacional del Estado de su ciudadanía dominante y efectiva; y (b) una persona física que es ciudadana de una Parte y residente permanente de otra Parte se considere exclusivamente nacional de la Parte de la que esa persona física es ciudadana.

El artículo 14.2 Ámbito de Aplicación destaca que se aplica a las 1. medidas adoptadas o mantenidas por una Parte relacionadas con: (a) los inversionistas de otra Parte; (b) las inversiones cubiertas; y con respecto al artículo 14.10 (Requisitos de Desempeño) y el Artículo 14.16 (Inversión y Objetivos Ambientales, Salud, Seguridad y Otros. En el numeral 4, inciso 1, destaca que, para mayor certeza, un inversionista solo podrá someter una reclamación a arbitraje conforme a este Capítulo según dispuesto en el Anexo 14-C (Transición para Reclamaciones de Inversión y Reclamaciones Pendientes), el Anexo 14-D (Solución de Controversias de Inversión México-Estados Unidos) o el Anexo 14-E (Solución de Controversias de Inversión México- Estados Unidos Relacionadas con Contratos de Gobierno Cubiertos).

También establece relaciones con otros instrumentos y el artículo 14.4 "Trato Nacional", establece que cada Parte otorgará a los inversionistas de otra Parte un trato no menos favorable que el que otorgue, en circunstancias similares, a sus propios inversionistas; artículo 14.5 "Trato de Nación Más Favorecida", obliga a Cada Parte a otorgará a los inversionistas de otra Parte un trato no menos favorable que el trato que otorga, en circunstancias similares, a los inversionistas de cualquier otra Parte o de cualquier no Parte. Por su parte, el artículo 14.6 "Nivel Mínimo de Trato" destaca que cada parte otorgará a las inversiones cubiertas un trato acorde con el derecho internacional consuetudinario, incluido trato justo y equitativo, y protección y seguridad plenas. Además, el artículo 14.7 "Trato en Caso de Conflicto Armado o Contienda Civil", cada Parte otorgará a los inversionistas de otra Parte y a las inversiones cubiertas un trato no discriminatorio con respecto a las medidas que adopte o mantenga en relación con pérdidas sufridas por inversiones en su territorio debidas a conflictos armados o contiendas civiles.

Contienen también, en el artículo 14.8 "Expropiación y Compensación", contiene los requisitos para la expropiación o nacionalización de una inversión cubierta, entre ellas: utilidad pública, no discriminación, pago de una indemnización "pronta, adecuada y efectiva", y de conformidad con el debido proceso legal, en el caso de la inversión, se menciona que será equivalente al valor justo de mercado de la inversión expropiada.

En el Anexo 14-C "Transición para reclamaciones de inversiones existentes y reclamaciones pendientes", establece en su numeral 1 que cada parte consiente, con respecto a una inversión existente, en someter una reclamación a arbitraje de conformidad con la Sección B del Capítulo 11 (Inversión) del TLCAN de 1994 y este Anexo alegando una violación de una obligación establecida en: (a) la Sección A del Capítulo 11 (Inversión) del TLCAN de 1994; (b) el Artículo 1503(2) (Empresas del Estado) del TLCAN de 1994; y (c) el Artículo 1502(3) (a) (Monopolios y empresas del Estado) del TLCAN de 1994 cuando el monopolio ha actuado de manera incompatible con las obligaciones de la Parte de conformidad con la Sección A del Capítulo 11 (Inversión) del TLCAN de 1994.20,21. Además, en el Anexo 14-D Solución de Controversias de Inversión México-Estados Unidos, contiene un apartado de definiciones en el artículo 14.D.1 y en el artículo 14.D.2 "Consulta y Negociación", numeral 1 destaca que: *En caso de una controversia de inversión calificada, la demandante y la demandada deberían buscar inicialmente resolver la controversia mediante consulta y negociación, que podrá incluir el uso de procedimientos de carácter no vinculante con participación de terceros, tales como buenos oficios, conciliación o mediación.* En el artículo 14.D.3 "Sometimiento de una Reclamación a Arbitraje", en el caso de que una controversia de inversión calificada no puede ser resuelta mediante consulta y negociación, cuando: a) la demandante, por cuenta propia, podrá someter a arbitraje conforme a este Anexo una reclamación en el sentido de: (i) que la demandada ha violado: (A) el Artículo 14.4 (Trato Nacional) o el Artículo 14.5 (Trato de Nación Más Favorecida), salvo con respecto al establecimiento o la adquisición de una inversión, o (B) el Artículo 14.8 (Expropiación y Compensación), salvo con respecto a expropiación indirecta, y (ii) que la demandante ha sufrido pérdidas o daños con motivo de, o como consecuencia de, esa violación; y (b) la demandante, en representación de una empresa de la demandada que sea una persona moral propiedad de la demandante o que esté bajo su control directo o indirecto, podrá someter a arbitraje conforme a este Anexo una reclamación en el sentido de: (i) que la demandada ha violado: (A) el Artículo 14.4 (Trato Nacional) o el Artículo 14.5 (Trato de Nación Más Favorecida), salvo con respecto al establecimiento o la adquisición de una inversión, o (B) el Artículo 14.8 (Expropiación y Compensación), salvo con respecto a expropiación indirecta, y (ii) que la empresa ha sufrido pérdidas o daños con motivo de, o como consecuencia de, esa violación. El Artículo 14.8 (Expropiación y Compensación), numeral 3, permite a la demandante presentar una reclamación en las siguientes alternativas: (a) el Convenio del CIADI y las Reglas Procesales Aplicables a los Procedimientos de Arbitraje del CIADI, cuando la demandada y la Parte de la demandante son partes del Convenio del CIADI; (b) el Reglamento del Mecanismo Complementario del CIADI, siempre que la demandada o la parte de la demandante sea una parte del Convenio del CIADI; (c) el Reglamento de Arbitraje de la CNUDMI; o (d) si la demandante y la demandada lo acuerdan, cualquier otra institución arbitral o cualesquiera otras reglas de arbitraje.

Del contenido del T-MEC se advierte el potencial de litigio en materia de inversiones, no sólo por su aplicación a las inversiones relacionadas con el TLCAN, sino también porque tiene supuestos propios a partir de los cuales se puede llevar al arbitraje ante el CIADI una controversia en materia de inversión.

Como ejemplo del nivel de litigio que se desprende esos acuerdos internacionales podemos destacar con datos de la Secretaría de Economía, plasmados en los cuadros siguientes, que los casos "inversionista-Estado" planteados en contra de nuestro país, que tienen avisos de intención activos o que son casos activos,[38] son:

Casos con avisos de intención y casos activos	Casos Concluidos
Avisos de Intención Activos	Carlos Sastre
Talos	Pacc Offshore Services Holding
Margarita Jenkins et. al.	Coöperative Rabobank U.A
Gulf Investments & Services Ltd.	Azinian
L1bero Partners LP y el Sr. Fabio M. Covarrubias Piffer	Metalclad Corporation
AMERRA Capital Management LLC y otros	Waste Management II
Doups Holdings LLC	Marvin Roy Feldman Karpa
Sepadeve International LLC	Técnicas Medioambientales, S. A.
Gonzalo Mora Velarde	Fireman´s Fund Insurance Company
L1bero y otros	Waste Management Inc.
Primero Mining Corp	GAMI Investments, Inc.
Dal Tile Corporation y Dal Tile Internacional	Thunderbird
Jinlong Dongli Minera Internacional	Bayview
Tralje International Finance, B.V.	Procedimiento de Consolidación Corn Products International, Inc.
CMSA B.V.	Archer Daniels Midland Co. Y Tate & Lyle Ingredients Americas, Inc.
Coeur Mining Inc.	Gemplus, S. A. y Talsud, S. A.
	Corn Products International

38 Con información de Secretaría de Economía, Comercio Exterior, Solución de Controversias, Secretaría de Economía 10 de mayo de 2015, en: <https://www.gob.mx/se/acciones-y-programas/comercio-exterior-solucion-de-controversias?state=published>. [Consulta:11/01/23].

Casos Activos	Cargill Inc.
First Majestic Silver Corp (Caso CIADI No. ARB/21/14)	Abengoa, S. A. y COFIDES, S.A.
Finley Resources Inc. y otros (Caso CIADI No. ARB/21/25)	KBR
Terence Highlands (Caso CIADI No. ARB/19/26)	Telefónica
Lion Mexico Consolidated LP	
Shanara Maritime International, S.A., y Marfield Ltd. Inc	
B-Mex, LLC y otros ((ICSID Case No. ARB(AF)/16/3)	
Tele Fácil México ((Caso CIADI No. UNCT/17/1)	
Eutelsat	
Legacy Vulcan y Calizas Industriales del Carmen (Caso CIADI No. UNCT/19/1)	
Oro Negro (Caso CIADI No. UNCT/18/4)	
Vento Motorcycles (Caso CIADI No. ARB(AF)/17/3)	
Odyssey (Caso CIADI No. UNCT/20/1)	
Espíritu Santo Holdings (Caso CIADI No. ARB/20/13)	

Como se advierte, existen 15 casos con potencial de litigio y 13 que se encuentran en proceso de arbitraje, o sea, en litigio, para un total de 28 casos. De la información derivada de los "Avisos de Intención Activos" se advierte, en términos generales, que las disputas se relacionan con la violación a los siguientes instrumentos internacionales en los que el Estado Mexicano es parte: Capítulo 14 del Tratado entre México, Estados Unidos y Canadá (T-MEC); el Acuerdo para la Promoción y Protección Recíproca de las Inversiones entre los Estados Unidos Mexicanos y la Unión Económica Belgo-Luxemburguesa

(APPRI); el Capítulo XI del Tratado de Libre Comercio de América del Norte (TLCAN) artículo 1102 (Trato Nacional), artículo 1103 Trato de nación más favorecida; artículo 1104 (Nivel de Trato y artículo), artículo 1105 (Nivel Mínimo de Trato) y artículo 1110 (Expropiación y Compensación), y el Anexo 14-C del Tratado entre México, Estados Unidos y Canadá; el Acuerdo entre los Estados Unidos Mexicanos y el Gobierno del Reino de Suecia para la Promoción y Protección Recíproca de las Inversiones (APPRI México -Suecia) artículo 2.3. Trato Justo y Equitativo y artículo 4. Expropiación e Indemnización; el Acuerdo entre el Gobierno de los Estados Unidos Mexicanos y el Gobierno de la República Italiana para la Promoción y Protección Recíproca de las Inversiones (APPRI México-Italia) articulo 2 Promoción y Protección Recíproca de las Inversiones; articulo 3 Tratamiento; y articulo 5 Expropiación; el Acuerdo entre el Gobierno de los Estados Unidos Mexicanos y el Reino de España para la Promoción y Protección Recíproca de las Inversiones (APPR-España-México) 1. Artículo IV- Nivel Mínimo de Trato; y 2. Artículo V- Nacionalización y Expropiación; Acuerdo entre el gobierno de los Estados Unidos Mexicanos y el Gobierno de la República Popular de China para la promoción y protección recíproca de las inversiones (APRI México-China) artículo 7 Expropiación e indemnización; Acuerdo para la Promoción y Protección Recíproca de las Inversiones celebrado entre México y el Reino de los Países Bajos (APPRI) artículo 2 (Cooperación Económica), artículo 3 (Trato Justo y Equitativo) (Protección y Seguridad Plena) (Trato Nacional) (Nación más Favorecida) y artículo 5 (Expropiación).

En lo que se refiere a los "Casos Activos", se acusa violación al Capítulo XI, Inversión, del Tratado de Libre Comercio de América del Norte (TLCAN) artículos 1102 (trato nacional), 1103 (trato de nación más favorecida), 1104 (Nivel de trato), 1105 (nivel mínimo de trato), 1109 (transferencias), y 1110 (expropiación y compensación); Anexo 14-C del Tratado entre México, Estados Unidos y Canadá

("T-MEC") artículos 1102 y 1105 del TLCAN; APPRI México-Reino Unido: a) Artículo 3: Nivel Mínimo de Tratado de Conformidad con el Derecho Internacional Consuetudinario; b) Artículo 4: Trato Nacional y Trato de la Nación Más Favorecida; c) Artículo 7: Expropiación; y d) Artículo 8: Libre Transferencia de sus Inversiones y Rentas; APPRI México-Panamá: a) Artículo 3: Trato Nacional; b) Artículo 5: Expropiación e Indemnización, y c) Artículo 6: Nivel Mínimo de Trato; APPRI México-Francia: artículos 4.1: Trato Justo y Equitativo; 4.2: Trato de Nación Más Favorecida; 4.3: Protección y Seguridad Plena; y 5: Expropiación e Indemnización.

Estos Avisos de Intención y Casos Activos se relacionan con actos de autoridades mexicanas, en general dependencias, entidades o empresas productivas de la administración pública federal, como ejemplo podemos citar a la Semarnat, la Secretaría de Economía, Pemex y el Servicio de Administración Tributaria, entidades federativas como Puebla y la Ciudad de México y actos de tribunales.

En unos breves comentarios en torno a ciertos casos podemos destacar que en el caso de *Talos Energy, Talos international Holdings,* existe un tema de interés, las demandantes sostienen que a pesar de los esfuerzos de "sembrar acuerdos y unificación" con Pemex no se pueden celebrar estos acuerdos porque alegan que descubrieron el yacimiento denominado Sama y que, en lugar de adjudicárselos a ellos, el yacimiento se le adjudica a PEMEX exploración y producción. Lo que muestra los límites de los acuerdos comerciales, en particular cuando se anteponen intereses "nacionales" o "soberanos" a su contenido.

Esta el caso de Margarita Elodia Jenkins y Juan Carlos Jenkins, existe una problemática que ha trascendido a los medios, relacionada con la Universidad de las Américas Puebla, los demandantes reclaman que sus inversiones han sido afectadas ilegalmente derivado de una serie de acciones y medidas arbitrarias por parte del Estado Mexicano. Entre dichas acciones se encuentran órdenes de aprehensión emitidas por la Fiscalía General de República, la intervención de la Junta para el Cuidado de las Instituciones Privadas del estado de Puebla y medidas fiscales además de actos asociados al poder judicial.

En *Gulf Investments & Services*, la empresa *Gulf* argumenta ser propietaria de la embarcación Titan 2, así como de su equipo y de los contratos de fletamento que arrendó a la empresa mexicana Oceanografía, menciona que se generaron actos que afectaron su embarcación y provocaron la pérdida de su valor comercial, hay una investigación penal en curso.

Esta *L1bero Partners*, Jaime M Covarrubias Piffer reclama la tenencia de una participación indirecta del 50% en una empresa constituida en México para operar una concesión de plataforma de transporte y taxímetro digital en la CDMX y que hay una supuesta terminación ilegal de una concesión otorgada por la Secretaria de Movilidad de la Ciudad de México desde 2006, en virtud de la cual la concesionaria debe instalar taxímetros digitales en la flota de taxis de la Ciudad de México y desarrollar un a aplicación Móvil para ordenar taxis a distancias a cambio de ciertas tarifas.

Hay casos similares por ejemplo *Mera Capital Manegement,* Amerai Opportunity Funds, JP Morgan Bank, National Association, donde se reclaman actos y omisiones por parte de autoridades mexicanas entre ellas de diversos tribunales judiciales, federales y locales, con sede en Sinaloa. Dicen que esas autoridades han negado a las demandantes las garantías de debido proceso legal, acceso a la justicia y estado de derecho actuando de manera arbitraria discriminatoria y contra la ley.

En el caso de *Primero Mining Corp* se advierte que se realizan consultas en términos del artículo 1119 del TLCAN, sin embargo, se agota el periodo de consultas y no se llega a soluciones.

En el asunto *Dobbs Holdings* se alega que los Estados Unidos Mexicanos afectaron su inversión con la compañía Soluciones Fajomed cuando la secretaria de la movilidad de la Ciudad de México revocó las concesiones que se le fueron otorgadas y se reclaman expectativas perdidas.

En el expediente de Gonzalo Mora Avelarde, éste reclamó actos y omisiones consistentes en el embargo precautorio impuesto en la aduana de Veracruz respecto de un contenedor de mercancía importada declarada posteriormente propiedad del fisco federal, a la que se impuso un crédito fiscal al agente aduanal encargado del despacho de la mercancía. De nuevo tenemos otro asunto de *L1bero* y otros, en el que se argumenta la concesión que tienen para la sustitución instalación y mantenimiento de taxímetros del transporte público individual de pasajeros en la CDMX con sistema de geolocalización para el desarrollo operación y explotación de una aplicación móvil.

Esta Primero *Mining Corp.* y ellos reclaman los juicios de nulidad y lesividad promovidos por el servicio de administración tributaria en contra de un acuerdo anticipado de precios de transferencia, sostienen que esos juicios nulidad y lesividad carecen de motivación y fundamentación.

En el caso de *Daltile Corporation y Daltile International* reclaman que derivado de una disputa accionaria iniciaron un arbitraje privado respecto de recubrimientos Interceramic y que en ese mismo año Interceramic interpuso diversos recursos procesales ante el poder procesal del estado del Estado de Chihuahua el juzgado primero de lo civil del distrito Judicial de Mórelos, según ellos han realizado actos que las han impedido continuar con ese arbitraje privado.

La empresa *Tralje International Finance B.V.,* reclama que son accionistas de una empresa, Salsas Castillo que incurre en prácticas comerciales indebidas; ejercieron su derecho de venta forzosa de acciones como no hubo respuesta iniciaron un arbitraje. El árbitro dictó un laudo que condena a Salsas Castillo al pago de 300 millones de pesos, de manera paralela al arbitraje comercial hubo diversos litigios que iniciaron tanto *Tralje* como Salsas Castillo donde se argumenta que los accionistas de Salsas Castillos cedieron de manera indebida la titularidad de todas las marcas y avisos comerciales. Hay una denuncia penal.

Sin ignorar los actos de autoridades mexicanas y su dimensión normativa, en parte el debate en esos litigios se relaciona con las diversas visiones del derecho: el debate entre el Derecho Internacional y el Derecho interno, entre el *soft law* y el *hard law*. Con otro enfoque, ese tema de la confrontación normativa ya lo había destacado en el artículo que denominé: *La legitimidad y el reto de articular la Cuarta Transformación*,[39] en donde destacaba que el debate entre "chairos" y "fifís", se llevó al derecho; sostenía, entre otros argumentos, que la polarización en las posiciones que se han generado está entre quienes sostienen la validez de los actos administrativos y jurídicos generados por la Cuarta Transformación y los que la rechazan, además de que en ambos casos los argumentos son jurídicos. Advierto que esa problemática, vía el argumento del respeto a la soberanía, se llevó a los litigios entre el Estado Mexicano y los inversionistas extranjeros, en donde se advierte una incomprensión de la incorporación del *soft law* en instrumentos comerciales internacionales y su traslado como *hard law* al derecho interno del país. Por otra parte, del lado de los inversionistas, como destacamos líneas arriba, el debate normativo se encuentra en torno a las supuestas violaciones al contenido de instrumentos internacionales, por actos de autoridades mexicanas.

---

[39] MÁRQUEZ GÓMEZ, D., "La legitimidad y el reto de articular la Cuarta Transformación", en El cambio democrático en México. Retos y posibilidades de la "Cuarta Transformación", pres. Enrique Graue, pr. Alberto Vital, pref. Pedro Salmerón y Halina Gutiérrez, México, Siglo XXI, 2019.

El debate es más importante, porque tiene consecuencias en el interés de inversores en arriesgar sus capitales en el país; no debemos olvidar que la inversión extranjera que según el gobierno federal tiene hasta el día de ayer el estado mexicano es de 19 mil millones de dólares sin embargo nuestro país tiene 50 arbitrajes pendientes donde una gran cantidad de estos recursos podrían perderse y como lo destaca *Credit Suisse* en una encuesta, el 91% de los inversionistas considera que el marco institucional en México se ha debilitado.[40] Esto es muy importante porque, al final, el marco institucional delimita las reglas del juego.

Los litigios en materia de inversión extranjera también generan pagos millonarios, con información de Transnational Institute, ISDS, se obtiene que México ha sido condenado a pagar 295 millones de dólares en 11 casos,[41] o sea, 5,598,274,000 pesos al tipo de cambio vigente al 19 de enero de 2023. Por lo anterior, llama la atención que ni la Auditoria Superior de la Federación, la Secretaria de la Función Pública, o la Fiscalía General de la República, inicien investigaciones en torno a estos temas, porque evidentemente hay un daño al erario del país.

Para cerrar el apartado, destacamos que uno de los problemas en estos litigios está vinculado a una interpretación de corte normativista o positivista asociada al paradigma soberanista en términos de la Cláusula Calvo, donde se ignoran la existencia

---

40 Véase, entre otros, «Marco institucional de México se debilitó en este sexenio, dicen inversionistas» [en línea], (2020) <https://fortunaypoder.com/economia/marco-institucional-de-mexico-se-debilito-en-este-sexenio-dicen-inversionistas/?amp=1> [Consulta:19/01/23]., consultado el 19 de enero de 2023, y en: LORET DE MOLA, C., « Las 4i de la 4t» [en línea], (2020) <https://www.carlosloret.com/2022/06/las-4i-de-la-4t/> [Consulta:19/01/23].

41 Transnational Institute, ISDS, México. Radiografía del poder transnacional: el régimen de protección de inversiones y sus consecuencias, en: <https://isds-americalatina.org/perfiles-de-paises/mexico/>[Consulta:19/01/23]..

de precedentes internacionales que desde el contexto de las decisiones jurisdiccionales construyen un *soft law.* También se relaciona con la construcción de argumentos ideológicos asociados a modelos económicos que carecen de contenido jurídico: capitalismo neoliberalismo, estatismo, populismo, lo que lleva por una y otra de las partes contendientes a la politización del tema. Otras problemáticas se asocian con determinaciones de tipo político operadas por autoridades administrativas o jurisdiccionales, lo que pone el acento la novatez e ingenuidad de los operadores político-jurídico mexicanos, por el desconocimiento en el nivel interno de las decisiones plasmadas en instrumentos internacionales y la necesidad de socializar decisiones que incorporan el soft law al derecho interno.

Una posible solución sería abandonar en la praxis administrativa las restricciones que desde los propios órganos jurisdiccionales federales se han impuesto en materia de protección de los derechos humanos con el pretexto de que se invade la competencia constitucional del Poder Judicial de la Federación. El *soft law* contenido en los instrumentos internacionales de naturaleza económica, en el contexto de la teoría de fuentes del país, ha devenido en un *hard law* interno, al entenderlo podríamos construir una serie de herramientas jurídicas que nos ayuden a superar las controversias Estado-inversionistas que dañan el desarrollo del país.

FUENTES DE INFORMACIÓN REFERIDA

ABI-SAAB, GEORGES, «Éloge du droit assourdi: quelques réflexions sur le role de la soft law en droit international contemporain», en *Nouveaux itineraires en droit. homage á Francois Rigaux,* Bruxelles, Vruylant, 1993.

ARISTÓTELES, "*La política*", int., tr., not., Manuela García Valdés, Madrid, Gredos, 1988.

BODIN, J., "*Los seis libros de la República*", sel., tr., est., Pedro Bravo Gala, 3ª ed., Madrid, Tecnos, 1997.

CALDERÓN MARENCO, E., "Los incoterms como instrumento de derecho suave (soft law)", Revista E-Mercatoria, vol. 17, n.° 1, enero-junio, 2018. pp. 47-85.

CATTAFI, C., "Derecho Internacional Público. Volumen 1, Arreglo pacífico de diferencias", Editorial Digital del Tecnológico de Monterrey, México, 2016.

CORTES CABRERA, B., A., "El Soft law y su aplicación en el derecho comercial", *Revista Tribuna Internacional,* vol. 3. N.6 , 2014, pp. 55-69.

RAE, «Diccionario Panhispánico del Español Jurídico, soft law» [en línea], <https://dpej.rae.es/lema/soft-law> [consulta: 15/01/23].

DUPUY, RENE-JEAN M., "Droit déclaratoire et droit programmatoire: de la coutume sauvage a la 'soft law'", *L'élaboration du droit international public.* en Societé francaise pour le Droit International public, Colloque de Toulouse, Leiden, Sijthof, 1975.

GITMAN, LAWRENCE J., JOEHNEK, M., D., "*Fundamentos de inversión*", tr. Juan Carlos Aguado Franco, Madrid, Pearson-Loma Educación, 2005.

LOEWENSTEIN, K., "Teoría de la Constitución", tr., y est., Alfredo Gallego Anabitarte, 1ª ed., 4ª reimp., Barcelona, Ariel, 1986.

LORET DE MOLA, C., « Las 4i de la 4t» [en línea], (2020) <https://www.carlosloret.com/2022/06/las-4i-de-la-4t/> [Consulta:19/01/23].

«Marco institucional de México se debilitó en este sexenio, dicen inversionistas» [en línea], (2020) <https://fortunaypoder.com/economia/marco-institucional-de-mexico-se-debilito-en-este-sexenio-dicen-inversionistas/?amp=1> [Consulta:19/01/23].

MÁRQUEZ GÓMEZ, D., "La legitimidad y el reto de articular la Cuarta Transformación", en *El cambio democrático en México. Retos y posibilidades de la "Cuarta Transformación"*, pres. Enrique Graue, pr. Alberto Vital, pref. Pedro Salmerón y Halina Gutiérrez, México, Siglo XXI, 2019.

MAZUELOS BELLIDO, A., "Soft Law: ¿mucho ruido y pocas nuevces?", *Revista Electrónica de Estudios Internacionales,* Número 8, diciembre 2004, pp. 1-40.

PEREZNIETO, L., SILVA, J., "*Derecho Internacional Privado Parte especial*", Oxford University Press, México, 2012.

RAMOS, J., «México enfrenta demandas por al menos 9 mil mdd» [en línea], (2020) <https://www.elsoldemexico.com.mx/finanzas/mexico-enfrenta-demandas-por-al-menos-9-mil-mdd-inversiones-extranjeras-odyssey-marine-oro-negro-espiritu-santo-holdings-5520031.html /> [Consulta:15/01/23].

SECRETARÍA DE ECONOMÍA, «Comercio Exterior, Solución de Controversias» [en línea], (2015) < https://www.gob.mx/se/acciones-y-programas/comercio-exterior-solucion-de-controversias?state=published> [Consulta:11/01/23].

TRANSNATIONAL INSTITUTE, ISDS IMPACTOS, «Los impactos del sistema de protección de inversiones en América latina» [en línea], (2018) <https://isds-americalatina.org/perfiles-de-paises/mexico/> [Consulta:12/01/23].

TRANSNATIONAL INSTITUTE, ISDS IMPACTOS, «Radiografía del poder transnacional: el régimen de protección de inversiones y sus consecuencias » [en línea], (2021) <https://isds-americalatina.org/perfiles-de-paises/mexico/> [Consulta:19/01/23].

UNITED NATIONS UNCTAD, «World Investment Report 2022, Chapter 2 Recent Policy Developments and Key Issues, Reform of the investment traty regime is accelerating and figure 9 Number of IIAS signed, by decade, 1961-2022», [en línea], (2022) <https://worldinvestmentreport.unctad.org/world-investment-report-2022/chapter-2-recent-policy-developments-and-key-issues> [Consulta: 10/01/23].

UNITED NATIONS UNCTAD, « World Investment Report 2022, Chapter 2 Recent Policy Developments and Key Issues, ISDS cases are up to 1,200 and figure 10 Trends in known traty-based ISDS cases, 1987-2021», [en línea], (2022) <https://worldinvestmentreport.unctad.org/world-investment-report-2022/chapter-2-recent-policy-developments-and-key-issues/> [Consulta: 10/01/23].

VELÁZQUEZ PÉREZ, R., A., "*Inversiones extranjeras sostenibles (Un análisis alternativo del Derecho Internacional de inversiones enfocado sobre Cuba)*", España, Bosch, 2015.

Capítulo 2

Implicaciones de la inversión extranjera en México en el marco de los tratados de libre comercio y el desafío por la vía democrática

JOSÉ RENÉ OLIVOS CAMPOS[42]

I. INTRODUCCIÓN

El presente estudio tiene por objetivo destacar las implicaciones de la inversión extranjera en México, al amparo de los tratados de libre comercio celebrados por el Estado Mexicano con los países de Canadá y Estados Unidos desde finales de la centuria pasada que se ha regulado, inicialmente, con el Tratado de Libre Comercio de América del Norte (en adelante TLCAN) hasta el año 2020, después con el Tratado

42 Doctor en Derecho por la Universidad Nacional Autónoma de México con Mención Honorífica. Investigador Nacional nivel II del Sistema Nacional de Investigadores.

Canadá, Estados Unidos y México (en adelante T-MEC), actualmente vigente.[43]

Ello derivado del modelo neoliberal, que ha caracterizado a México desde los años noventa, con rasgos de economía mixta y en el contexto de transformación del sistema democrático, ha generado avances al crecimiento económico, pero también deterioros al desarrollo y el bienestar social, inscritos en la globalización, en la apertura de los mercados nacionales y la interdependencia financiera.

También ha implicado altos costos al erario del Estado Mexicano, como los gastos realizados por éste, durante los litigios internacionales realizados o por las indemnizaciones que ha pagado por las resoluciones del arbitraje internacional.

Desde el ángulo de la gobernación democrática, de la participación ciudadana, se trata de destacar la relación que puede guardar con los tratados internacionales en materia de la o extranjera, como el T-MEC, que el Estado Mexicano ha celebrado y que también está obligado a observar el cumplimiento de los cometidos de los derechos humanos y sociales en la actualidad, vinculado con el sistema democrático.

---

[43] En 1965 se concreta la Convención de Washington que crea el Centro Internacional de Arreglo de Diferencias relativas a Inversores (CIADI). En 1978, el CIADI, creó el mecanismo complementario, permitiendo someter a Arbitraje disputas que surjan de una inversión en las que alguno de los Estados no es parte de la Convención o someter a arbitraje discusiones que no surgen directamente de una inversión. Este mecanismo complementario fue ratificado por Estados Unidos de Norteamérica, México y Canadá,

II. CONFIGURACIÓN CONSTITUCIONAL DEL ESTADO NEOLIBERAL

La apertura de la economía mexicana dada en los años noventa se produjo con las reformas a la Constitución Política de los Estados Unidos Mexicanos (en adelante CPEUM) a los artículos 25,[44] 27[45] y 28[46] desde los años noventa de la centuria pasada y en las dos décadas del presente siglo.

En este tenor, con las reformas estructurales a la CPEUM de 2013, que dieron por terminado el modelo del Estado centralizador, el cual respondió al patrón del Estado intervencionista en la economía nacional, social, asistencial y de seguridad social, sobredilatado como administrador, conjugó el capital nacional privado, caracterizado por el desarrollo industrial en el país de forma desigual y combinada. Mientras ciertas regiones del norte y del centro crecieron, el sur se mantuvo con rezagos y deterioros.

Fue un Estado que tuteló los derechos sociales, como el derecho a la educación pública sustentada en la gratuidad

---

44 Han sido seis reformas Constitucionales al artículo 25, publicadas en el Diario Oficial de la Federación en las fechas del 3 de febrero de 1983, 28 de junio de 1999, 5 de junio y 20 de diciembre de 2013, 26 de mayo de 2015 y 5 de febrero de 2017.

45 Las reformas Constitucionales al artículo 27, publicadas en el Diario Oficial de la Federación desde la década de los ochenta, fueron en las fechas del 3 de febrero de 1983, 10 de agosto de 1987, 6 y 28 de enero de 1992, 13 de octubre de 2011, 11 de junio y 20 de diciembre de 2013 y 26 de enero de 2016.

46 Las reformas Constitucionales al artículo 28, publicadas en el Diario Oficial de la Federación desde la década de los ochenta, fueron en las fechas del 3 de febrero de 1983, 10 de agosto de 1987, 6 y 28 de enero de 1992, 13 de octubre de 2011, 11 de junio y 20 de diciembre de 2013, 10 de febrero de 2014, 27 de mayo de 2016 y 6 de marzo de 2020.

conforme al artículo 3o., de la CPUEM, así como los derechos agrarios previstos en el artículo 27 y los derechos de los trabajadores en términos del artículo 123 de la CPEUM.

En materia social, se crearon organismos para la seguridad social de los trabajadores y sus familias, que se aseguró, por ejemplo, con la creación del Instituto Mexicano del Seguro Social, fundado el 19 de enero 1943, constituido como un servicio público de carácter nacional.

Desde los años cuarenta de la centuria pasada, se asumió la expansión de la administración pública centralizada y paraestatal, que tuvo por sustento las modificaciones a la CPEUM, que implicó, por ejemplo, la expansión de la administración pública paraestatal, del año de 1940 a 1982, se crearon 1,155 entidades paraestatales, integradas por organismos descentralizados, empresas de participación estatal mayoritaria y minoritaria, fideicomisos. Esto generó una intensa participación del Estado en la vida económica y social de México, tanto de la producción, el comercio y los servicios.[47]

Entre la creación de dicho sector paraestatal, cabe destacar la fundación del Banco de México, previsto en el artículo 28 de la CPEUM, con la funciones de emitir billetes, regular la circulación monetaria, los intercambios con el exterior y la tasa de interés; la entidad paraestatal estratégica, denominada Petróleos Mexicanos, fundada el 7 de junio de 1938, , cuyas actividades son la extracción, producción y distribución del petróleo; Con las reformas al artículo 27 de la CPEUM, del 20 de enero de 1960, estableció la Comisión Federal de Electricidad,

---

47 Al respecto ver: Olivos Campos, José René, "Paradigma de una nueva gestión", en Camarillo Cruz, Beatriz, y et. al. *Aportaciones para la construcción de una Administración Pública para la cuarta transformación*, México, Tirant lo Blanch, 2019, pp. 91 y ss.

creada el 14 de agosto de 1937, para la prestación del servicio público de energía eléctrica.

No obstante, la crisis económica de los años ochenta, conjugada con el déficit fiscal, el sobreendeudamiento que condujo a la suspensión de pagos de la deuda externa, la burocratización, la corrupción, la inflación, el decrecimiento de la economía, el desempleo y la caída de los índices de bienestar social e individual, detonaron el cambio del modelo del Estado bienestar al Estado neoliberal.

Esto condujo al redimensionamiento del Estado, el cual se caracterizó por las reformas constitucionales, legislativas e institucionales que fundamentaron la reducción de las estructuras, funciones y organizaciones de la administración pública paraestatal, en el sentido de la extinción, fusión, liquidación y privatización de organismos descentralizados, empresas paraestatales, instituciones auxiliares nacionales de crédito, instituciones nacionales de seguros y fianzas y fideicomisos.

Ello generó las condiciones para inscribirse en donde predomina la competencia y las aperturas externas del mercado, la inversión extranjera, así como acatar las decisiones de organismos internacionales como el Banco Mundial y el Fondo Monetario Internacional, lo que condujo a la apertura del mercado nacional, a su interdependencia, a las garantías a la inversión extranjera con criterios de igualdad y equidad en el trato, en los procesos de la globalización.

Los correctivos del Estado Mexicano produjeron obligaciones establecidas con las reformas al artículo 25 de la CPEUM. La reforma del 3 de febrero de 1983, estableció la rectoría del desarrollo nacional al Estado. Después se modifica el 28 de junio de 1999, con el agregado de garantizar el desarrollo nacional integral y sustentable. Luego en el 2013 con las reformas del 5 de junio y el 20 de diciembre, a la CPEUM se adicionó el término competitividad comprendido incremento de la inversión y generación de empleo y en armonización con las reformas se modifican los artículos 27 y 28. Esto conllevó a la rectoría estatal de manera exclusiva, las áreas estratégicas la propiedad y el control sobre los organismos y empresas productivas del Estado concretaron la planeación y el control del sistema eléctrico nacional, así como de la exploración y extracción de petróleo y demás hidrocarburos. En dichas disposiciones de la CPEUM, se precisó que la expedición de la ley reglamentaria de dicho precepto Constitucional, se establecieran las normas relativas a la administración, organización, funcionamiento, procedimientos de contratación y demás actos jurídicos que celebren las empresas productivas del Estado. Ello, fundamentó la renuncia del Estado a las competencias para explotar en exclusiva los recursos energéticos.

El reacomodo y reencauzamiento de las acciones en el patrón fincado en las reformas del Estado, en las reformas estructurales, en el nuevo contexto dado por la apertura comercial, económica y en la globalización, el desenvolvimiento de la vida económica nacional se sujetó, entre otro orden de asuntos, a las políticas de los tratados internacionales como lo fue el TLCAN, renegociado en el año de 2019 y originó el T-MEC, cuyo inicio de vigencia fue el 1 de julio de 2020 y, con ello, concluyó la vigencia del TLCAN.

Entre las diferencias entre el TLCAN y el T-MEC es el aumento de capítulos. El TLCAN contó con 22 capítulos, mientras que el T-MEC se compone por 34 capítulos, cuyas adiciones y modificaciones a los capítulos que constituyen el T-MEC implican importantes cambios con respecto al TLCAN.

Entre los capítulos nuevos del T-MEC se encuentran los temas contenidos en la solución de controversias que se realizan en paneles trilaterales o por platicas bilaterales en caso de que sus miembros tengan diferencias. El acuerdo tendrá una duración de 16 años, pero será sometido a revisión cada 6 años. También se incluyen el capítulo de combate a la corrupción; comercio digital; medio ambiente y laboral; se establece acatar los tipos de cambio marcados por el mercado y no hacer manipulaciones cambiarias; promover la transparencia en la legislación de los contratos laborales; se resguarda la seguridad en materia energética de México.[48]

En materia de la inversión extranjera con las reformas a la CPEUM, implicó su vinculación al TLCAN y ahora con el T-MEC, con la sujeción a resolver las controversias apegadas a lo previsto en dichos instrumentos y conforme a lo resuelto por las instancias arbitrales internacionales, con lo que se resta capacidad de respuesta al Estado Mexicano cuando pierde los litigios con fallos del Arbitraje Internacional para enfrentar los costos lo que propicia el incremento de la deuda pública con los efectos de deterioros a la economía nacional y al desarrollo.

Cabe señalar que, anteriormente, en el TLCAN, en materia de solución de controversia en la inversión extranjera, previó las etapas del proceso para la solución de controversias, consistentes en:

1ª Consultas: Las partes contendientes debían intentar primero dirimir la controversia por vía de consulta o negociación.

2ª Intervención de un tribunal arbitral: Un inversionista del TLCAN que alegara que un gobierno anfitrión había violado sus obligaciones de inversión adquiridas en virtud del capítulo 11, podía someter la reclamación a arbitraje.

3ª Revisión del laudo: Cualquiera de las partes podía solicitar la revisión o la anulación del laudo emitido por el tribunal arbitral, el cual seguía las reglas procesales establecidas en el mecanismo de arbitraje elegido.

---

48 Ver: <https://revistas.ujat.mx/index.php/perfiles/article/view/3388/2526>[Consulta:19/01/23].

4ª Cumplimiento del laudo: El laudo dictado por el tribunal arbitral se limitaba a la reparación de daños o restitución de propiedades o su equivalente en dinero.

El fallo era obligatorio solo para las partes contendientes y únicamente respecto del caso concreto. La parte solo podía cumplir el laudo tras el transcurso del plazo para la interposición del recurso de revisión o anulación.

5ª Incumplimiento del laudo: En caso de incumplimiento del laudo definitivo, la Comisión integraría un "panel arbitral".

6ª Medidas provisionales de protección: El tribunal podía ordenar una medida provisional de protección para preservar los derechos de la parte contendiente o para asegurar que la jurisdicción del tribunal tuviera pleno efecto, incluso para preservar las pruebas que estuvieren en posesión o control de una parte contendiente.

Actualmente en el T-MEC, el Capítulo de Inversión se divide en dos secciones:

1. Disciplinas para la protección a la inversión. Contiene las disciplinas de protección a la inversión extranjera que son vinculantes para México, Estados Unidos de Norteamérica y Canadá.

   Las disciplinas de protección a la inversión previstas son el resultado de una revisión y actualización de los estándares de protección que previó el TLCAN, con la finalidad de mejorar y aclarar su alcance. La negociación de este capítulo se benefició de la experiencia de las Partes en los casos Inversionista-Estado que enfrentaron en el marco del Capítulo de Inversión del TLCAN.

El Capítulo de Inversión del T-MEC no limita a las Partes en su capacidad para la adopción de políticas públicas necesarias para la protección de la salud, seguridad o el medio ambiente, entre otras.

2. Mecanismo de solución de diferencias Inversionista-Estado.

   Contiene el mecanismo de arbitraje de inversión (Inversionista-Estado), vinculante únicamente entre México y Estados Unidos de Norteamérica, con las siguientes modalidades de reclamaciones de inversión: a. Los inversionistas de una parte podrán reclamar la violación a las obligaciones de Trato Nacional, Nación más Favorecida y Expropiación directa; y b. Reclamar la violación de cualquier disposición del capítulo de inversión, cuando el inversionista o su inversión sean parte de un contrato en los sectores de hidrocarburos y gas, telecomunicaciones, generación de energía, transportes y proyectos de infraestructura.

El mecanismo de arbitraje se actualizó incorporando nuevas disposiciones, tales como:

1. La transparencia del procedimiento arbitral, tanto en las actuaciones escritas como orales;
2. La aplicación de las más recientes reglas de arbitraje de la Comisión de las Naciones Unidas para el Derecho Mercantil Internacional;
3. La emisión de un proyecto del laudo arbitral para dar oportunidad a las partes a que presenten comentarios;
4. La incorporación de reglas de ética que los árbitros deberán observar, procedimientos más expeditos para dirimir cuestiones de jurisdicción, reglas para la participación

de partes no contendientes, así como para la terminación del arbitraje por inactividad procesal. [49]

De este modo, la nueva relación del mercado y el Estado se caracteriza por la amplitud de sus procesos y por la interdependencia estructural entre las finanzas, el comercio, la inversión extranjera, los servicios y la tecnología.

Con ello se desdibuja el poder regulatorio y de solución de controversias por el Estado Mexicano con las modificaciones a la CPEUM, que fundan y garantizan un nuevo patrón de crecimiento económico, sustentado, fundamentalmente, en la inversión extranjera para la reactivación económica.

También se impone el modelo comprendido en la consulta y arbitraje al amparo de los tratados de libre comercio, cuya vigencia hoy se ha refundado en el T-MEC, que han servido para garantizar la protección recíproca de las inversiones respectivamente entre los países que lo integran. El mayor inversor en México es Estado Unidos de Norteamérica.[50]

La inversión extranjera no deja de generar incremento y resulta de relevancia en la economía de México. Por ejemplo,

---

49 Sobre el arbitraje del TLCAN y T-MEC, ver: <https://ecija.com/sala-de-prensa/mexico-el-arbitraje-de-inversion-y-el-t-mec/> [Consulta:19/01/23].

50 Por ejemplo, de enero a marzo de 2022, el 39.13 por ciento de la Inversión Extranjera Directa provino de Estados Unidos. El segundo inversionista fue España con el 10.77 por ciento. Canadá ocupó la tercera posición con el 7.07 de inversión. Francia tuvo el cuarto lugar con la inverisón que represento el 3.42 por ciento. Argentina con 3.18 por ciento y Reino Unido con el 3.03 por ciento de la inversión directa. Ver: <https://www.cefp.gob.mx/publicaciones/documento/2022/cefp0252022.pdf> [Consulta:19/01/23].

en el año 2020 había alcanzado la inversión de más de 31 mil millones de dólares según el Banco Mundial. [51]

No obstante, las expectativas previstas para México, se enfrentan demandas de empresas con inversión extranjera en el país. Las demandas se promueven dede las supuestas violaciones al TLCAN y ahora en el T-MEC, así como varios Acuerdos para la Promoción y Protección Recíproca de las Inversiones (conocidos como APPRI).

Entre las demandantes se encuentran: *Odyssey Marine Exploration* por tres mil 540 millones de dólares[52]; Oro Negro reclama una compensación de 270 millones de dólares;[53] PACC Offshore Services Holdings (POSH) de Sigapur tiene una demanda contra México por 200 millones de dólares más el pago del arbitraje internacional por afectaciones a su negocio;[54] la empresa inmobiliaria francesa *Lion Mexico Consolidated* reclamó 200 millones de dólares desde 2015;[55] *Espiritu Santo Holdings*, LP demandó a México bajo el Capítulo XI del TLCAN, la demanda quedó registrada ante el Centro Internacional de Arreglo de Diferencias Relativas a Inversiones

---

51 Ver: <https://datos.bancomundial.org/indicator/BX.KLT.DINV.CD.WD?locations=MX> [Consulta:19/01/23].

52 Por la negativa del gobierno federal a su proyecto Don Diego, que consistía en la construcción de una mina submarina para dragar fósforo durante 50 años en el Golfo de Ulloa, en Baja California Sur.

53 Porque en 2015 Pemex redujo las tarifas de arrendamiento de plataformas petroleras de la empresa y dos años después dio por terminado el contrato de manera anticipada.

54 Porque un juez federal declaró el concurso mercantil de Oceanografía, compañía con la que tenía inversiones en buques que fueron embargados.

55 Por la cancelación de tres pagarés y tres hipotecas a favor de la compañía por el Juzgado Noveno de lo Mercantil en Jalisco

(CIADI), el 11 de mayo de este 2020.[56] Además de las demandas de indemnización ya formalizadas, el país ha recibido notificaciones de intención por un monto total de dos mil 300 millones de dólares.[57]

También existen casos de inversión pendientes por resolver en el marco del TLCAN en contra del Estado Mexicano, promovidas por inversionistas extranjero, con avisos de intención activos, como son la empresas: Talos, Margarita Jenkins, Gulf Investments & Services Ltd., Libero Partners LP y el Sr. Fabio M. Covarrubias Piffer, AMERRA Capital Management LLC y otros, Doups Holdings LLC, Sepadeve International LLC, Gonzalo Mora Velarde, L1bero y otros, Primero Mining Corp., Dal Tile Corporation y Dal Tile Internacional, Jinlong Dongli Minera Internacional, Tralje International Finance, B.V., CMSA B.V., Coeur Mining In.[58]

Otros casos de empresas demandantes que han presentado la notificación al Estado Mexicano para someter una reclamación a arbitraje conforme al Capítulo 14 del T-MEC.

---

56 El arbitraje se encuentra en la etapa de constitución del tribunal arbitral que dirimirá la controversia. Por distintas actuaciones del gobierno mexicano afectaron la inversión que se realizó en la empresa Lusad S. de R. L. de C.V., la cual es concesionaria para la sustitución, instalación y mantenimiento de taxímetros para el transporte público individual de pasajeros para la Ciudad de México (taxi) con sistema de geolocalización y para el desarrollo, operación y explotación de una aplicación móvil para solicitar el servicio de taxi de forma remota en la Ciudad de México.

57 Ramos, Juan Luis, México enfrentan demandas por al menos 9 mil mdd, en El Sol de México; https://www.elsoldemexico.com.mx/finanzas/mexico-enfrenta-demandas-por-al-menos-9-mil-mdd-inversiones-extranjeras-odyssey-marine-oro-negro-espiritu-santo-holdings-5520031.html

58 Ver: Secretaría de Economía: https://www.gob.mx/se/acciones-y-programas/comercio-exterior-solucion-de-controversias?state=published

Estos asuntos de litigio con inversores internacional han implicado costos al erario estatal, como toda controversia, que se reflejan en la reducción de las finanzas públicas del gobierno federal, que bien podrían destinarse a programas sociales, sobre todo cuando el Estado Mexicano pierde el litigio, como ha sucedido, con lo resuelto por el Arbitraje de Internacional. Procedimiento establecido para solventar las disputas entre inversores extranjeros y el Estado anfitrión.

Esto es una garantía del inversor extranjero al demandar el Estado anfitrión que, en caso de disputa, tiene acceso a árbitros independientes y calificados que la resolverán y otorgarán un laudo ejecutorio, con el fin de obtener la compensación adecuada y equitativa, en caso de proceder.

De este modo, el Estado Mexicano con respecto a la regulación jurídica de la inversión extranjera y a la resolución de controversias en la materia de inversión la comparte con las instancias internacionales, al arbitraje internacional.

En esta tendencia, se inscribe el otro atolladero a la economía y a las finanzas públicas, en el contexto de la capacidad financiera que el Estado Mexicano tiene cada vez más restringida. Basta señalar el monto de la deuda pública de México, en el año de 2020 llego a los 12 mil billones de pesos, lo cual representa el 52.00% del Producto Interno Bruto según el Plan Anual de Financiamiento presentado por la Secretaría de Hacienda y Crédito Público del Gobierno Federal.[59]

En suma, se tiene la ingeniería de la CPEUM que configura un modelo económico para el Estado neoliberal con la regulación establecida para resolver conflictos de interés con los inversores extranjeros conforme a los tratados de libre comercio, así como para fortalecer la liberalización del mercado nacional,

---

59 Ver: https://www.finanzaspublicas.hacienda.gob.mx/work/models/Finanzas_Publicas/docs/paquete_economicao/paf/paf_2021.pdf

las concesiones, la desregulación normativa, la continuidad del redimensionamiento de la administración paraestatal con la constricción del Estado en la economía, con procesos normativos de la desnacionalización de los sectores estratégicos energéticos, como el sector petrolero y energía eléctrica.

Estos constituyen los correctivos orientados a la estabilización y el crecimiento en los tiempos actuales que, como se advierte, los resultados del Estado neoliberal no han sido los esperados. La brecha entre pobreza y riqueza se ha ampliado, la tendencia al desempleo crece a la par que la ausencia de la reactivación económica ante un modelo económico que no responde para reducir el incremento de desempleo, con altos índices de la deuda pública exterior, la inflación se intensifica y los niveles de inseguridad pública no se detienen.

III. REPENSAR EL ESTADO NEOLIBERAL POR LA VÍA DEMOCRÁTICA

En el contexto apuntado, el Estado Mexicano neoliberal con efectos no deseables como los litigios de arbitraje internacional que han sido altamente costosos para el país en los procesos con respecto a los demandantes inversores extranjeros y con resoluciones dadas por los árbitros internacionales, la pérdida de las facultades regulatorias y el demerito de la capacidad de decisiones sobre la rectoría de los recursos nacionales, existe la preocupación por impulsar el desarrollo y el bienestar social mediante la participación ciudadana desde la vía de la democracia, la cual requiere de una agenda política incluyente, participativa, transparente, a fin de que los efectos nocivos del tratado de libre comercio no se continúen y se lleve a cabo la revisión del mismo ante el agotamiento del esquema de desarrollo que México vive, ante el demerito de la capacidad para la gobernación democrática y del riesgo de que la inefectividad derive en la ilegitimidad por decepción.

En estos términos, la vía de la democracia contemporánea al no ser lineal puede contribuir el llevar a cabo los correctivos del tratado de libre comercio vigente, mediante la cual, el Estado neoliberal depure la vida económica en la dirección del interés público con la participación de la ciudadanía en los correctivos que se necesitan ante el acotamiento del poder de regulación que hoy se vive y han hecho más costoso el arbitraje internacional en materia de inversión y frente a la necesidad de revisar el actual tratado de libre comercio que defina los nuevos ámbitos de actuación del Estado, en el tratado, y éste sea expresión del modelo de economía mixta que se tiene en México, es decir, de la inversión pública, privada y social.

La democracia hoy en día tiene desafíos más amplios. No se agota en la renovación de los cargos de elección popular, existen elementos que deben considerarse en las formas de la democracia participativa que se constituyan en un modo de vida más abierto, incluyente y equitativo, en la acción de gobernar democráticamente.

Desde esta visión, la democracia debe de constituirse en la respuesta política para detener y revertir los efectos negativos provocados por el Estado neoliberal por la regulación que se tiene con los tratados del libre comercio para el desarrollo nacional.

En la actualidad, esta idea de la democracia participativa se asume al vincularse con la soberanía popular reconocida constitucionalmente para el ejercicio de los derechos políticos de la ciudadanía en su sentido más extenso. Ello consignado, por la CPEUM, que en el inciso a) de la fracción II de su artículo 3o., la define no sólo como una estructura jurídica y un régimen político, sino como un sistema de vida fundado en el constante mejoramiento económico, social y cultural del pueblo.

En tanto, el artículo 25 de la CPEUM asigna al Estado la rectoría del desarrollo nacional para garantizar que fortalezca su régimen democrático, propósito que se reitera en el artículo

26 constitucional que obliga al Estado a organizar un sistema de planeación democrática para el desarrollo nacional que imprima solidez, dinamismo, permanencia y equidad al crecimiento de la economía para la democratización política, social y cultural de la nación.

El artículo 35, establece los derechos políticos de la ciudadanía de votar en las elecciones, ser votado en todos los cargos de elección popular, asociarse individual y libremente para tomar parte en los asuntos políticos, iniciar leyes, votar en la consulta popular sobre asuntos de trascendencia regional y nacional, participar en el proceso de revocación de mandato.

En lo que respecta a la forma de gobierno, el artículo 40 de la CPEUM expresa la voluntad del pueblo mexicano de constituirse en una república representativa y democrática, laica y federal.

En suma, la democracia es entendida por la CPEUM, como una forma de Estado, una forma jurídica, una forma de gobierno y una forma de vida fundada en el mejoramiento económico y social, que se sustenta en la representación y participación de la ciudadanía en el ejercicio del gobierno democrático.

De este modo, la democracia no se reduce sólo a la dinámica de la representación, en donde los derechos políticos de los ciudadanos sean únicamente emitir los votos y ser votado para ser electo gobernante, quienes los representen. Es también el cumplimiento de funciones gubernamentales bajo el principio de los derechos políticos para participar en las decisiones sobre diversos asuntos públicos.

Estas son las formas de participación en que la ciudadanía puede participar en el ejercicio del poder estatal en términos más democráticos. Con ella, la ciudadanía, asume un papel crucial en el comportamiento de la esfera de los asuntos públicos.

En el caso del tratado de libre comercio, constituye un asunto relevante en tanto afecta el interés público, lo cual tiene relación con el desarrollo socioeconómico del país y de las personas, de ahí que la participación ciudadana resulta crucial en tanto afecta el desenvolvimiento de la calidad de vida de toda persona.

En esta tesitura, se puede inscribir el T-MEC que es un tratado comercial de singular trascendencia para la sociedad mexicana, el cual debiera someterse a reconsideración en el foco de la participación ciudadana, por el mecanismo del referéndum para determinar cuáles medidas debiera adoptar o no el gobierno, en el tratado, y sean sometidas a la consulta ciudadana antes de suscribirse y de ese modo sea aceptado o rechazado, con ello se obtendría legitimidad y el consenso para impulsar las acciones necesarias para su efectividad.

El referéndum debiera estar incorporado a la CPEUM para que adquiera vigencia y con ellos se amplié el reconocimiento de los derechos políticos de la ciudadanía en términos del principio de progresividad previsto en el artículo 1o. de la CPEUM.

En tal sentido, se estaría en condiciones para que en la revisión del T-MEC, convendría definir la agenda el tratar los temas de derechos laborales, ambientales, la soberanía de los recursos energéticos nacionales considerados estratégicos, de las concesiones y, de este modo, se sometan a la consulta de la ciudadanía, al referéndum, sin dejar de establecer el modelo de la economía mixta que México tiene para adecuarlo a la revisión que se dé. Este sería el punto de partida para las negociaciones de la revisión de T-MEC a futuro.

Con esta agenda de los temas que se desestimaron relacionados, como se apuntó, se relacionan con la gobernabilidad, referida con la capacidad del gobierno democrático para crear el orden político y económico, sobre cuestiones fundamentales de desarrollo, crecimiento y bienestar social.

IV. CONCLUSIÓN

Hoy en día prevalecen las reformas constitucionales dadas como producto de las determinaciones del exterior que han modificado el sistema de la economía, que modificó el modelo Estado bienestar por el neoliberal, que se tradujo de la negociación a los acuerdos concretados en los tratados de libre comercio como condicionante para atraer inversión extranjera, con lo que se asegura garantías para el capital externo ante cualquier inequidad o trato injusto a por el Estado Mexicano cuando así lo han considerado los inversores extranjeros con las implicaciones de los litigios resueltos con el arbitraje internacional. Lo anterior, como producto de la crisis fiscal, financiera y económica nacional dada desde fines de los años ochenta y que se agudizó hasta inicios de los noventa de la centuria pasada.

De ahí la importancia de revisar el tratado de libre comercio a la luz de la democracia. Las reformas deben emprenderse para extender los derechos políticos para que la ciudadanía pueda participar en los procesos de cambio en la futura renegociación del T-MEC y se valore con ello el mejoramiento de dicho instrumento internacional, a fin de que sus resultados sean favorables para mejorar la calidad de vida con la aplicación de mecanismos de comercio, inversión, laborales, ambientales, entre otros, que sirvan de manera eficaz en el funcionamiento de las relaciones comerciales y económicas, salvaguardando los derechos y las obligaciones de la ciudadanía en el tratado.

FUENTES DE INFORMACIÓN REFERIDA

BANCO MUNDIAL, «Inversión extranjera directa, entrada neta de capital (balanza de pagos, US$ a precios actuales)» [en linea], (2021), <https://datos.bancomundial.org/indicator/BX.KLT.DINV.CD.WD?locations=MX> [Consultado en: 08/12/2022.].

CAMARILLO CRUZ, B., "Hacia la construcción de un régimen de contrataciones públicas en México" en *Aportaciones para la construcción de una Administración Pública para la cuarta transformación*, Tirant lo Blanch, México, 2019.

Constitución Política de los Estados Unidos Mexicanos

CENTRO DE ESTUDIOS DE LAS FINANZAS PÚBLICAS, « Comentarios al Informe Estadístico sobre el Comportamiento de la Inversión Extranjera Directa en México (enero-marzo de 2022)» [en linea], (2022), <https://www.cefp.gob.mx/publicaciones/documento/2022/cefp0252022.pdf> [Consultado en: 08/12/2022.].

ECIJA, «SALA DE PRENSA» [en linea], (2020), <https://ecija.com/sala-de-prensa/mexico-el-arbitraje-de-inversion-y-el-t-mec/> [Consultado en: 08/12/2022.].

EL SOL DE MÉXICO, «México enfrenta demandas por al menos 9 mil mdd» [en linea], (2020), < https://www.elsoldemexico.com.mx/finanzas/mexico-enfrenta-demandas-por-al-menos-9-mil-mdd-inversiones-extranjeras-odyssey-marine-oro-negro-espiritu-santo-holdings-5520031.html> [Consultado en: 08/12/2022.].

RUIZ, A.,«DIFERENCIAS ENTRE EL TLCAN Y EL TMEC Y SUS POSIBLES IMPACTOS PARA MÉXICO» [en linea], (2019), <https://revistas.ujat.mx/index.php/perfiles/article/view/3388/2526> [Consultado en: 08/12/2022.].

SECRETARÍA DE ECONOMÍA, «Comercio Exterior, Solución de Controversias.» [en linea], (2022), <https://www.gob.mx/se/acciones-y-programas/comercio-exterior-solucion-de-controversias?state=published> [Consultado en: 08/12/2022.].

RUIZ, A.,«DIFERENCIAS ENTRE EL TLCAN Y EL TMEC Y SUS POSIBLES IMPACTOS PARA MÉXICO» [en linea], (2019), <https://revistas.ujat.mx/index.php/perfiles/article/view/3388/2526> [Consultado en: 08/12/2022.].

Tratado México, Estados Unidos y Canadá (T-MEC). En EE. UU. es United States, Mexico and Canada Agreement (USMCA).

Capítulo 3

México ante el CIADI y las demandas internacionales en materia de inversión extranjera

ADELINA QUINTERO SÁNCHEZ

I. INTRODUCCIÓN

El Centro Internacional de Arreglo de Diferencias en materia de Inversiones (CIADI) desde su creación como parte nodal del Grupo del Banco Mundial de Naciones Unidas fue un mecanismo institucional que dio respuesta a una demanda histórica de los empresarios multinacionales, la capacidad de eludir las normas y procesos judiciales de los países menos desarrollados, por considerarlos ineficientes y corruptos, y poder demandar a los Estados anfitriones de sus inversiones.

La globalización económica comandada por Estados Unidos y los países más industrializados, permitió un despliegue jamás visto de las empresas transnacionales que pudieron acceder a mercados vetados, como las naciones exsocialistas y los países que modificaron sus sistemas económicos para hacerlos más neoliberales y abiertos a los capitales extranjeros, como es el caso de México. No obstante, la pandemia por COVID-19 puso en tela de juicio los beneficios recibidos por la firma de acuerdos y la adopción de medidas neoliberales acordes al régimen internacional de inversiones prevaleciente. El CIADI y el mecanismo de solución de controversias inversionista-Estado, son los elementos más cuestionados y condenados dentro de la regulación internacional para la inversión extranjera, al argumentar los fallos generalmente son a favor de los empresarios y en contra de los Estados, en su mayoría poco desarrollados, con la imposición de cuantiosas sumas para el pago de indemnizaciones. Asimismo, se refiere que muchas veces las acciones tomadas por los países que atentan contra las empresas extranjeras y han sido motivo de demanda, son acciones legitimas para protección de la población.

En este esquema México avanzó con la negociación y firma del acuerdo que sustituiría al TLCAN, el T-MEC, el cual sigue la misma línea que su antecesor en protección y favorecimiento de las inversiones extranjeras y mantiene el mecanismo de solución de controversias. De ahí, el motivo de la presente investigación es revisar las demandas que se han presentado en contra de México en el marco del CIADI y determinar las consecuencias de estas. Con esto, se podrán sacar algunas conclusiones entre la relevancia de firmar acuerdos para la inversión donde se permitan demandas por parte de inversionistas extranjeros y el interés nacional mexicano.

II. CONTEXTO INTERNACIONAL POSTPANDEMIA COVID-19: EMPRESAS TRANSNACIONALES E INVERSIÓN EXTRANJERA

Es evidente que hoy en día las empresas trasnacionales desempeñan un papel trascendental en el ámbito internacional, no solo económico, sino social y cultural. Es posible apreciar una presencia de estos actores en todos los espacios del quehacer cotidiano de los seres humanos en muchos de los centros urbanos de los principales países, tanto desarrollados como en vías de desarrollo. Aunque otro hecho no tan evidente, es que al hablar de inversión extranjera directa estamos haciendo alusión directa a estas empresas que se trasladan fuera de sus países para tener presencia en otros puntos del globo terráqueo.

Las empresas transnacionales han acumulado un poder a tal grado que compiten en muchas esferas en modo directo con los Estados y en otras han ido ganando terreno de forma paulatina e incrementando su incidencia en la toma de decisiones a nivel local, regional y global. Tal es el caso del régimen internacional para la inversión extranjera, que se refiere a todas las normas, reglas y procedimientos que regulan a las inversiones extranjeras a nivel internacional, construido principalmente por el contenido de los acuerdos bilaterales de inversión y los capítulos de inversión dentro de los tratados de libre comercio.

Estos cambios han sido producto tanto del contexto histórico del proceso de globalización económica, como del contexto especifico inmediato de índole coyuntural marcado por la pandemia de COVID-19.

La globalización es un proceso que se consolidó gracias a la hegemonía estadounidense y a la expansión por todo el globo del modelo de producción capitalista, ahora en su etapa de capitalismo cognitivo. Situación que se engarzó con el desarrollo de las nuevas tecnologías de la información a partir del uso extensivo mundial del internet y todos sus derivados, así como por la nueva división internacional del trabajo y el posicionamiento de nuevos actores de las relaciones internacionales, donde destacan las empresas transnacionales. Es imprescindible señalar que las empresas transnacionales se están colocando en la vanguardia de los desarrollos científicos- tecnológicos y por ende en la cúspide de los procesos, los servicios y los elementos de la economía intangible o inmaterial, la cual caracteriza a muchas de las empresas virtuales contemporáneas.

La globalización y la expansión del capitalismo de corte neoliberal condujo a una presencia y participación mayor de las empresas transnacionales en la negociación de las normas para distintos ámbitos del entornó internacional. En relación con el régimen internacional para la inversión extranjera, es evidente el posicionamiento de los interés privados y empresariales en las disposiciones que se incluyeron dentro de los acuerdos de inversión denominados de nueva generación, que toman como modelo al capítulo XI del TLCAN. Un punto muestra de ello es el mecanismo de solución de controversias inversionista-Estado, elemento inédito dentro del TLCAN y que pronto se volvió parte fundamental de todos los tratados internacionales de inversión. Este mecanismo, por primera vez, permitía a un privado, una empresa transnacional, demandar en condiciones de igualdad a un país en un tribunal especial y único des-territorializado, sin tener que pasar por sus tribunales nacionales[60].

Este contexto viene a tornarse más complejo con el advenimiento de una de las más grandes pandemias que haya azotado a la humanidad, la del COVID-19,[61] la cual aceleró el proceso

---

60 QUINTERO SÁNCHEZ, A., "Perspectivas y prospectivas del mecanismo de solución de controversias inversionista-Estado en los acuerdos de libre comercio" en Los medios juridiccionales de solución de las controversias internacionales, IIJ-UNAM, México, 2022, pp.99-105.

61 La crisis actual originada por el COVID-19 se suma a una lista de crisis y pandemias de carácter global, que a diferencia de las de tiempos más antiguos se transmiten de un lugar a otro a través del efecto contagio y se recrudecen por la intensa interdependencia económica internacional existente derivada de la globalización. Históricamente diversas pandemias han azotado a la humanidad cobrando un costo no sólo humano sino económico devastador como la peste negra o la influenza española en 1918, no obstante, ni la crisis de salud ni la crisis económicas generalmente se expandían tanto ni de forma tan acelerada como en la actualidad. Fue hasta finales del siglo XX cuando las grandes pandemias de siglos previos ya parecían en el olvido, que se comenzaran a experimentar las denominadas crisis o pandemias globales, que no necesariamente tienen como epicentro a países desarrollados, sino muchas

de transición del capitalismo a su fase cognitiva por el encierro y obligó a la población en general a hacer uso de redes virtuales capitalistas, ya sea de conocimiento con plataformas como *Zoom* o *Meet,* Bibliotecas virtuales, aulas virtuales, etc.; para compras con plataformas de tiendas departamentales y *Amazon;* para comida como *Uber Eat* o *Didi Food*; para trasladarse como *Uber;* para entretenerse como *Netflix* y *Disney+,* entre muchas otras.

Como ha subrayado Henry Kissinger "La actual crisis económica es más compleja: la contracción desatada por el coronavirus es, en su velocidad y escala global, diferente a todo lo que se haya conocido en la historia".[62]

Este cambio en el estilo de vida tuvo un impacto en la reconfiguración de las inversiones extranjeras a través de las diferentes acciones emprendidas por las empresas multinacionales y las políticas que aplicaron para sortear la pandemia. Más allá de muchas empresas de internet que amasaron grandes fortunas por las restricciones de aislamiento y confinamiento, la economía en general recibió un golpe muy fuerte. Sólo el espacio virtual incrementó sustancialmente sus ganancias, tal es el caso de aplicaciones para videollamadas, como *Zoom,* que tuvo el mayor boom en su historia con un aumento diario en el mes de marzo del 2020 de 535%, junto con empresas de redes

---

han comenzado en países emergentes o en vías de desarrollo, tales como el SARS y la reciente influenza H1N1. Rius i Gilbert, Cristina (2019), "La peste a lo largo de la historia", Enfermedades Emergentes, Vol. 18, No.3, p. 122

62 KISSINGER, H, «Henry Kissinger: La pandemia de coronavirus alterará el orden mundial para siempre», [en linea], (2020), <https://www.infobae.com/america/eeuu/2020/04/05/henry-kissinger-la-pandemia-de-coronavirus-alterara-el-orden-mundial-para-siempre/>[Consultado en: 10/12/2022.].

sociales o aplicaciones para compartir videos como *TikTok* y servicios *streaming* como *Netflix* o *Amazon.* [63]

La cuarentena, que fue utilizada en muchos países como estrategia para controlar la pandemia se tradujo en disminución o paralización de la producción en las empresas, así como en una reducción de la demanda. Mientras que, por el lado laboral, muchos empleados se trasladaron al *home office,* pero otros tantos fueron despedidos, dado que las empresas no contaban con los recursos, la capacidad o la infraestructura para realizar de esta manera sus actividades. El sector servicios fue uno de los más afectados y dentro de éste, el turismo.

Al interior de los países, éstos debieron destinar más dinero hacia el sector salud y reducir la inversión en sectores estratégicos, por lo que se desaceleró el crecimiento económico. Mientras que las empresas debieron apoyar a sus trabajadores en cuarentena o enfermos al tiempo que resistieron los golpes de la menor demanda por parte de la población. [64]

A nivel internacional, como en crisis anteriores los más afectados fueron y siguen siendo los países menos desarrollados y las pequeñas y medianas empresas junto con los trabajadores asalariados. Aunque las empresas transnacionales no resultaron exentas, muchas tuvieron que reubicarse o cerrar

---

63 BBC, "La economía y el coronavirus: los negocios ganadores y los sorpresivos perdedores durante la pandemia", [en linea], (2020), <https://www.bbc.com/mundo/noticias-52647431>[Consultado en: 10/12/2022.].

64 SOTO ACOSTA, W., MORALES CAMACHO, M. (2015), "El ébola como objeto de estudios de las Relaciones Internacionales" en Ciencias Sociales y Relaciones Internacionales: Nuevas perspectivas desde América Latina, Unidad de Gestión Editorial de la Escuela de Relaciones Internacionales de la Universidad Nacional de Costa Rica, 2015, pp. 268.

filiales, con pérdidas en sus ganancias estimadas en corto, mediano y largo plazo.

En promedio, las 5000 principales empresas multinacionales, que representan una parte importante de la inversión extranjera mundial ajustaron sus predicciones de ganancias a partir del 2020, alrededor del 9% debido al COVID-19. Las más afectados fueron la industria automotriz (-44%), las aerolíneas (-42%) y las industrias de energía y materiales básicos (-13%). El capital reinvertido a nivel mundial cayó en un 50% en 2020.[65]

Ahora bien, el tablero geoeconómico mundial también sufrió cambios, con Estados Unidos a la cabeza, este país emprendió una política de retorno al país para sus empresas transnacionales con la administración Trump y ahora encara una crisis económica de alcances no estimados con la presidencia de Joe Bien. Situación que no se había resentido a profundidad por el papel desempeñado por China, que remplazó a Estados Unidos desde hace algunos años como fuente principal de inversión extranjera en el mundo (Quintero Sánchez, 2020).[66] Sin embargo, la nación oriental al ser el origen del COVID y a pesar de su fortaleza nacional también sufrió una desaceleración de su economía y sus flujos de inversión hacia el exterior, al tiempo que proyectos como los de la nueva ruta de la seda que conllevan una inversión millonaria en diferentes países han requerido cancelaciones,

65 UNCTAD, «Impact of the Coronavirus Outbreak on Global FDI», [en linea], (2020), https://unctad.org/system/files/information-document/diae_gitm34_coronavirus_8march2020.pdf [Consultado en: 10/12/2022.].

66 KATZ, C. (2020), «La pandemia que estremece al capitalismo», Posición, 3, [en línea], (2020) < https://ri.unlu.edu.ar/xmlui/bitstream/handle/rediunlu/686/Katz%20Claudio%20COVID-19.pdf?sequence=1&isAllowed=y>, [Consultado en: 10/12/2022.].

aplazamientos y recortes presupuestales. Al mismo tiempo, otro de los centros económicos más representativos, la Unión Europea, también resintió el cierre de fronteras y la falta de cooperación, lo que debilitó las bases constitutivas de bloque económico, donde los países sureños como Italia, España y Grecia han experimentado los mayores embates de la crisis y las medidas de reajuste económico.[67] Así tanto su inversión extranjera intrazona como la extrazona se han mermado.

A raíz de este contexto muchos países replantearon su relación con la inversión extranjera, con las empresas transnacionales y en general con el régimen internacional de inversión extranjera. Algunos países comenzaron a implementar una variedad de políticas para retener y proteger a la inversión foránea en respuesta a la pandemia de coronavirus. Dichas políticas incluyeron la facilitación y la retención de la inversión, el suministro de incentivos, el apoyo financiero a las empresas afectadas por la crisis, el apoyo a las pequeñas y medianas empresas en las cadenas de suministro, así como la protección de la seguridad nacional y la salud pública a través de la evaluación de la inversión extranjera y la calidad de esta.[68]

La pandemia también dio como resultado una reevaluación de los planes y estrategias de desarrollo de los países, incluso con respecto al papel de los tratados internacionales de inversión. Asimismo, afectó la óptica hacia el régimen internacional de inversión extranjera prevaleciente y el papel de esta en el desarrollo nacional, al considerar que las políticas internacionales de inversión deberán contribuir a abordar el devastador efecto económico y social de la pandemia.[69]

---

67 Ídem

68 Ídem

69 Ibidem, pp. 11-12.

Un tema neurálgico en este sentido ha sido el papel del Centro Internacional de Arreglo de Diferencias en Materia de Inversión (CIADI), parte del Grupo del Banco Mundial, en las demandas en materia de inversión emanadas de los acuerdos en esta materia, contenidos en su mayoría dentro de los tratados de libre comercio. Existe una dura crítica sobre el desempeño parcial del Centro ante las demandas presentadas y sus resoluciones con marcado favoritismo hacia las empresas transnacionales en detrimento de los países demandados. De ahí, que uno de los puntos que más se haya o este reformando dentro de los acuerdos o capítulos en materia de inversión sea el referente a la solución de controversias inversionista- Estado.[70]

En el futuro post-COVID refleja una serie de transformaciones en lo que respecta a la formulación de políticas de inversión por parte de los diferentes países. Una de las tendencias es el cambio en las políticas de admisión para la inversión extranjeras para volverse más restrictivas en las industrias estratégicas para los países receptores. Al mismo tiempo y quizá de forma contradictoria, la pandemia también generó entre algunas naciones una mayor competencia para atraer inversiones en industrias específicas, en la medida que las economías tratan de recuperarse de la crisis económica.

También es un hecho que el período posterior a la pandemia ha sido testigo de una aceleración de los esfuerzos de los países para reformar sus tratados de inversión o los tratados de libre comercio en sus capítulos dedicas a las inversiones externas, para garantizar su derecho a regular en favor del interés público, mientras que se mantienen niveles efectivos

---

70 QUINTERO SÁNCHEZ, A., "Perspectivas y prospectivas del mecanismo de solución de controversias inversionista-Estado en los acuerdos de libre comercio" en Los medios juridiccionales de solución de las controversias internacionales, IIJ-UNAM, México, 2022, pp.93-95.

de protección para la inversión, es decir, que se está dando una transformación dentro del régimen internacional para la inversión extranjera.

La magnitud de la tarea de reconstrucción post-pandémica y las prioridades en este proceso diferirán de un país a otro. Sin embargo, todos los gobiernos enfrentarán el desafío común de cómo hacer el mejor uso de las políticas económicas y de inversión para volver a la senda del desarrollo. Además de los esfuerzos nacionales, la cooperación internacional es un elemento crucial, especialmente para la recuperación de los países en desarrollo.

III. DEL TLCAN AL T-MEC. LAS DEMANDAS DE MÉXICO ANTE EL CIADI

México es uno de los países del continente americano que junto con Estados Unidos más tratados de diferente magnitud ha firmado que contienen normas específicas para la regulación de la inversión extranjera y al mismo tiempo fue uno de los más afectados en su economía por la pandemia de coronavirus. No obstante, a diferencia de otros países con un grado de desarrollo similar, en vez de optar por renegociar sus acuerdos en la búsqueda de restringir el acceso a la inversión extranjera o condicionar a las empresas transnacionales, optó por todo lo contrario. Las renegociaciones tanto del TLCAN como del Tratado de Libre Comercio entre la Unión Europea y México (TLCUEM) son muestra fehaciente de la postura a favor de proteger de forma ultranza a la inversión extranjera y permitir su entrada sin ningún tipo de condicionamiento en todas las industrias y sectores del país. Con esto al mismo tiempo, se blindó la reforma energética y la reforma en telecomunicaciones emprendidas con el fin de privatizar y abrir a la inversión extranjera estos sectores estratégicos, anteriormente reservados, en cierta medida, a la inversión gubernamental y nacional.

La firma y entrada en vigor del Tratado de Libre Comercio México- Estados Unidos y Canadá (T-MEC) el 1° de julio de 2021 marcó un hito en la integración regional en América del Norte, al llevar las regulaciones preexistentes con su antecesor, el Tratado de Libre Comercio (TLCAN), a un nuevo nivel. El tratado trilateral entre México, Estados Unidos y Canadá reconfigura las regulaciones existentes en algunas materias, como inversión extranjera, al tiempo que incluye tanto normas en temas nuevos como nuevos capítulos; tales como: comercio digital, energía, derechos laborales, medio ambiente, pequeñas y medias empresas, competitividad, buenas prácticas regulatorias, anticorrupción y política macroeconómica.[71] El T-MEC con sus 34 capítulos y múltiples anexos es uno de los acuerdos de libre comercio más complejos y sofisticados entre los que se encuentren en vigor actualmente.

Este convenio recoge, por un lado, los avances en los acuerdos negociados y firmados por Estados Unidos de forma previa como el Tratado de Asociación Transpacífico (TPP, por sus siglas en inglés)[72], donde ya hay una actualización en distintos capítulos y la inclusión de nuevos temas. Mientras por otro, también refleja en cierta medida las propuestas y cambios generados en el contexto de la pandemia por coronavirus y la

---

71 Ene l TLCAN tanto medio ambiente como derechos laborales se negociaron y anexaron como parte de los denominados Acuerdos Paralelos, mientras que en el T-MEC ya se incluyen como capítulos dentro del acuerdo.

72 Aunque con la administración de Trump en Estados Unidos, su país se retiro de las negociaciones del TPP es evidente que su contenido fue marcado sustancialmente por los intereses y políticas de la primera potencia mundial. Ver Adelina Quintero Sánchez, "China frente a EEUU en la evolución del régimen internacional de inversiones en Asia-Pacífico. Más allá del TPP", Portes, Vol 14, No 28, julio-diciembre 2022, pp. 31- 55.

evolución en el régimen internacional de inversiones desde una perspectiva global.

Anteriormente en el TLCAN, las cuestiones referentes a la inversión estaban también reguladas y se encontraban establecidas en el capítulo 11, ahora, el T-MEC dedica su capítulo 14 a dicho apartado. El objetivo principal de este capítulo en el T-MEC es proteger el funcionamiento de la inversión extranjera entre los países miembros y la liberación de la inversión. Con respecto a al Capítulo 11 del TLCAN, se continúa en la misma línea, siendo los cambios más relevantes los concernientes al tema de la "Expropiación" y al tema de la "Solución de Controversias" que deriven exclusivamente de este Capítulo 14 del T-MEC.

Todo el Anexo 14-D del tratado trilateral de América del Norte se destina a la solución de controversias entre inversionistas y Estados, así se señala que si: Una de las partes considera que la controversia no puede ser resuelta por medio de la consulta, la demandante por cuenta propia podrá someter a arbitraje según este anexo. Además de mencionar que se ha violado el Art. 14.4 o el Art.14.5. En caso de Expropiación el 14.8 Al menos 90 días antes de someter cualquier reclamación a arbitraje la demandante le entregará a la demandada su debida notificación por escrito. En este sentido, la demandante puede presentar una reclamación en el marco de las alternativas como el CIADI, la CNUDMI. [73]

Asimismo, en la disposición D5 se establece que ninguna reclamación será sometida a arbitraje conforme al anexo a menos que: "Se inicie un procedimiento ante un tribunal judicial o administrativo competente, se obtenga una decisión final de un tribunal y no hayan transcurrido más de 4 años desde la fecha en la que la demandante tuvo conocimiento

---

73 T-MEC, Anexo 14D, disposición D3.

por primera vez". Mientras que en relación con la selección de árbitros se señala que en la D6 que "a menos de que las partes acuerden algo diferente, los árbitros serán 3: uno escogido por la demandante, otro por la demandada y otro escogido por ambas".

El D8 establece la obligatoriedad de la transparencia de los procedimientos arbitrales, por lo que "todo debe ser de dominio público y quedar a disposición de este. El tribunal realizará audiencias abiertas al público".

Todos los anteriores puntos son reflejo de las preocupaciones por las partes de aclarar y mejorar el mecanismo de solución de controversias inversionista-Estado entre Estados Unidos y México, ya que Canadá se reservó del capítulo de inversiones en el acuerdo. No obstante, queda protegida al igual que en el TLCAN, la capacidad por parte de los inversores extranjeros, es decir, las empresas transnacionales, de demandar en condiciones de igualdad al Estado en un tribunal ad hoc en el marco del CIADI. Si se considera, como se verá en el siguiente apartado, los resultados que México ha obtenido en este mecanismo, es evidente que los resultados ahora con el nuevo acuerdo comercial trilateral serán en el mismo sentido.

IV. DEMANDAS CONTRA MÉXICO ANTE EL CIADI

México es uno de los países más demandados ante el CIADI. La mayoría de demandas por el tiempo han sido presentadas en el marco del TLCAN, no obstante, hay algunas que se están gestado ahora con el T-MEC. A continuación, para una revisión más concisa y sencilla, se presenta un cuadro sintético sobre las demandas hechas en este foro en contra del Estado mexicano.

Demandas en el Marco del TLCAN (NAFTA) ante el CIADI

Objeto de la Disputa	Sector Económico	Demandante	Año	Estatus	Síntesis
Eliminación de Residuos	Agua, Saneamiento y Protección contra Inundaciones	Metalclad Corporation (EE. UU.)	1997	CONCLUIDO	El caso involucró la operación de un confinamiento de desechos peligrosos en el Municipio de Guadalcázar, S.L.P por parte de la empresa estadounidense Metalclad Corporation. La empresa argumentó que el gobierno de SLP y el Ayuntamiento de Guadalcázar han impedido indebidamente la operación del confinamiento. Demandó una indemnización por más de 130 millones de dólares. El tribunal impuso una indemnización por 16 millones 685 mil dólares a favor de la empresa.
Eliminación de Residuos	Agua, Saneamiento y Protección contra Inundaciones	Robert Azinian (Estados Unidos), Kenneth Davitian (Estados Unidos), Ellen Baca (Estados Unidos)	1997	CONCLUIDO	El caso involucró la concesión otorgada por el municipio de Naucalpan para la recolección de basura, saneamiento de un relleno sanitario y construcción de uno nuevo, así como la construcción de una planta de generación de electricidad a partir del biogás que se produce en los rellenos, que fue anulada por el Ayuntamiento debido a irregularidades relativas a la capacidad técnica y financiera del concesionario y deficiencias en la prestación de los servicios.

Eliminación de Residuos	Agua, Saneamiento y Protección contra Inundaciones	Waste Management, Inc.	1998	CONCLUIDO	*Contexto en Demanda del año 2000*
Empresa de Comercio Exterior	Servicios y Comercio	Marvin Roy Feldman Karpa (Estados Unidos)	1999	CONCLUIDO	Este caso considera la controversia surgida en relación con la aplicación de ciertas leyes tributarias de los Estados Unidos Mexicanos sobre la exportación de productos tabacaleros de Corporación de Exportaciones Mexicanas, S.A. de C.V. ("CEMSA"), una compañía constituida en virtud de las leyes de México, de propiedad y bajo el control del Sr. Marvin Roy Feldman Karpa ciudadano de los Estados Unidos de América. El Demandante, quien ha iniciado este procedimiento como inversionista único en representación de CEMSA, alega que la negativa de México a devolver los impuestos internos que gravan los cigarros exportados por CEMSA y su continuo rechazo del derecho de CEMSA a la devolución de tales impuestos sobre las futuras exportaciones de cigarros constituyen una violación de las obligaciones de México conforme al Capítulo XI, Sección A del Tratado de Libre Comercio de América del Norte (en adelante, "TLCAN").

Objeto de la Disputa	Sector Económico	Demandante	Año	Estatus	Síntesis
Eliminación de Residuos	Agua, Saneamiento y Protección contra Inundaciones	Waste Management, Inc.	2000	CONCLUIDO	La reclamación surgió de una controversia relacionada con la prestación de servicios de gestión de desechos según una concesión otorgada por el Municipio de Acapulco de Juárez (en adelante, "Acapulco"), Estado Mexicano de Guerrero (en lo sucesivo, "Guerrero"). La demandante alegó que cierta conducta de entidades u organismos mexicanos, incluidos Acapulco y Guerrero, constituía una violación de los Artículos 1105 y 1110 del TLCAN
Instrumentos de Deuda	Finanzas	Compañía de Seguros del Fondo de Bombero	2002	CONCLUIDO	Este caso surgió debido a la falta al artículo 1119 y 1120 del TLCAN
Empresa de Producción de Edulcorantes de Refrescos	Otra Industria	Corn Products International, Inc	2003 2004	CONCLUIDO	El 28 de enero de 2003, la empresa estadounidense CPI presentó un aviso de intención para someter a arbitraje internacional una reclamación al amparo de la Sección B del capítulo 11 del TLCAN

Empresa de Producción de Edulcorantes de Refrescos	Otra Industria	Archer Daniels Midland Company y Tate & Lyle Ingredients Americas, Inc.	2004	CONCLUIDO	El 14 de octubre de 2003, las empresas estadounidenses Archer Daniels Midland Co. y Tate & Lyle Ingredients Americas, Inc. (ADM&TLIA) que poseen a la empresa mexicana productora de fructosa Almex S.A. de C.V., (Almex) presentaron de forma conjunta una notificación de intención para someter una reclamación a arbitraje al amparo del capítulo XI del Tratado de Libre Comercio de América del Norte. ADM/TLIA reclaman la presunta violación a los artículos 1102 (Trato nacional), 1106 (Requisitos de desempeño) y 1110 (Expropiación y compensación), y argumentan que las violaciones derivan de diversas medidas adoptadas por el Gobierno de México
Empresas Agrícolas	Agua, Saneamiento y Protección contra Inundaciones	Bayview Irrigation District y otros	2005	CONCLUIDO	Los 42 inversionistas demandantes son diecisiete distritos de riego tejanos que operan en el Valle del Río Bravo (Grande) y que suministran agua para el uso en aproximadamente 400,000 acres de tierra agrícola fértil y productiva; 24 usuarios particulares de agua, la mayoría de los cuales no recibe su agua a través de algún distrito de riego; y un inversionista corporativo. Conjuntamente, ellos han invertido millones de dólares en infraestructura/instalaciones para el almacenaje y distribución del agua de irrigación a granjas y hogares en el Valle del Río Bravo (Río Grande).

Objeto de la Disputa	Sector Económico	Demandante	Año	Estatus	Síntesis
Empresa de Producción de Edulcorantes de Refrescos	Otra Industria	Cargill, Incorporated	2005	CONCLUIDO	Cargill presentó su demanda contra México en el 2005 bajo el Capítulo 11 del TLCAN, que permite a las compañías demandar a los países que son miembros del tratado.
Proyecto Inmobiliario	Construcción	Lion Mexico Consolidated LP	2015	PENDIENTE	El 11 de agosto de 2015 la empresa Lion Mexico Consolidated LP (LMC), constituida bajo la legislación de la Provincia de Quebec, Canadá, presentó una notificación de intención de someter una reclamación al amparo del Capítulo XI del Tratado de Libre Comercio de América del Norte (TLCAN). LMC considera que dichas medidas constituyen un incumplimiento del Gobierno de México a las siguientes disposiciones del TLCAN: a) Artículo 1110: Expropiación, y b) Artículo 1105: Nivel Mínimo de Trato.
Industria de Juegos	Otra Industria	B-Mex, LLC and others	2016	PENDIENTE	Los Inversionistas alegan haber sufrido pérdidas significativas, derivadas de actos ilegales y arbitrarios del gobierno mexicano y reclaman las siguientes violaciones al TLCAN: a) Artículo 1102: Trato Nacional; b) Artículo 1103: Nación Más Favorecida; c) Artículo 1105: Nivel Mínimo de Trato, y d) Artículo 1110: Expropiación y Compensación. El monto que reclaman a México es de USD$100,000,000.00 (Cien Millones de Dólares Americanos), más intereses, costas y otros gastos que se deriven del arbitraje.

Empresa de Telecomunicaciones	Información y comunicación	Joshua Dean Nelson	2016	CONCLUIDO	Como antecedente, el 27 de abril de 2016, el Sr. Joshua Dean Nelson, inversionista de la empresa Tele Fácil México, S.A. de C.V. inició un arbitraje inversionista-Estado al señalar que determinadas medidas emitidas por el Instituto Federal de Telecomunicaciones (IFT) y decisiones de juzgados y tribunales especializados en Competencia Económica, Radiodifusión y Telecomunicaciones del Poder Judicial de la Federación (PJF) destruyeron su inversión en el país.
Industria del Transporte	Servicios y Comercio	Vento Motorcycles, Inc.	2017	CONCLUIDO	Como antecedente, el 7 de agosto de 2017, Vento Motorcycles Inc. (Demandante) presentó por cuenta propia y en representación de Motor Bike, S.A. y Mototransp, S.A. (empresas mexicanas) una solicitud para someter una reclamación a arbitraje conforme al capítulo XI del Tratado de Libre Comercio de América del Norte (TLCAN). Vento reclamó la manera y el propósito conforme a los cuales se realizaron dos procedimientos de verificación de origen en 2003 y 2004 respecto de motocicletas producidas y ensambladas en EE.UU.
Equipos de exploración y producción de petróleo	Petróleo, Gas y Minería	Alicia Grace and others	2018	PENDIENTE	Reclamaciones derivadas de la terminación anticipada de contratos de arrendamiento por parte de Petróleos Mexicanos (Pemex), una empresa petrolera estatal, por cinco plataformas de perforación petrolera costa afuera propiedad de la subsidiaria de Oro Negro que es controlada por los demandantes

Objeto de la Disputa	Sector Económico	Demandante	Año	Estatus	Síntesis
Extracción y Exportación de Piedra Caliza	Petróleo, Gas y Minería	Legacy Vulcan, LLC	2019	PENDIENTE	Legacy Vulcan acusa a México en su demanda de arbitraje ante el Centro Internacional de Arreglo de Diferencias relativas a Inversiones (CIADI) de causarle pérdidas sustanciales e impedir la operación normal de sus inversiones, además de provocar varias controversias en el marco del Tratado de Libre Comercio de América del Norte (TLCAN o NAFTA). El arbitraje se administraría bajo las reglas de arbitraje de la Convención CIADI.
Concesión Minera	Petróleo, Gas y Minería	Odyssey Marine Exploration, Inc.	2019	PENDIENTE	La compañía estadounidense Odyssey Marine reclama a través de arbitraje 3.540 millones de dólares a México por el freno a su actividad en el proyecto de explotación de una mina subacuática de fósforo, así como el rechazo al proyecto por parte de la Secretaría de Medio Ambiente y Recursos Naturales (SEMARNAT) alegando daño a la biodiversidad
Proyecto Inmobiliario	Turismo	Carlos Sastre and others	2020	PENDIENTE	El 15 de junio de 2017, el Sr. Carlos Esteban Sastre presentó una notificación de intención de someter una reclamación a arbitraje, de conformidad con los Acuerdos de Promoción y Protección Recíproca de Inversiones celebrados por los Estados Unidos Mexicanos ("México") con Argentina, España y Suiza, respectivamente ("APPRIs"). Tal situación, a su consideración, violó disposiciones establecidas en los APPRIs:

					1.- Trato justo y equitativo y seguridad plena 2.-Expropiación 3.- Trato discriminatorio y arbitrario. 4.- Nación más favorecida La suma reclamada por el Sr. Sastre es de, aproximadamente, USD$ 25 millones
Concesión de Telecomunicac iones	Información y comunicación	Espiritu Santo Holdings, LP	2020	PENDIENTE	La compañía canadiense Espiritu Santo Holding, LP ha presentado un arbitraje de inversiones contra México, relacionado con reclamaciones sobre sus inversiones en una concesión de movilidad del sector del taxi (taxímetros) y una aplicación móvil en Ciudad de México.
Minería	Petróleo, Gas y Minería	First Majestic Silver Corp.	2021	PENDIENTE	La empresa canadiense First Majestic Silver Corp. anunció este martes que inició un caso contra México por afectaciones en sus inversiones en el marco del Capítulo 11 del Tratado de Libre Comercio de América del Norte (TLCAN). First Majestic considera que las acciones del Gobierno son contrarias a los términos del Acuerdo Anticipado de Precios (AAP), que estableció la metodología para determinar los ingresos e impuestos de PEM para los años fiscales 2010 a 2014 y que, según el abogado mexicano de la Compañía, sigue siendo válido de acuerdo con el Código Fiscal de la Federación Mexicana a menos y hasta que sea anulado por un Tribunal de última instancia
Fuente: Elaboración propia con datos de CIADI y otras fuentes.					

Al analizar los casos en los que México es la parte demandada ante el CIADI podemos extraer varias conclusiones. En principio, podemos observar que los sectores más susceptibles a demanda son precisamente donde hay mayor inversión, es decir, los que se refieren a materias primas y sectores básicos. Otro punto por rescatar es que muchas de las demandas fueron a raíz de aplicación de medidas o normas en beneficio de la población en general que atentaron contra los intereses de las empresas transnacionales; ya sea para protección del medio ambiente, como en los casos de Metalclad donde se pretendía evitar la filtración de desechos tóxicos hacia los mantos freáticos; y Odyssey Marine Exploration.

En algunos otros casos la demanda se basó en las acciones por parte del gobierno al querer proteger o mejorar la salud de la ciudadanía, como en los casos de Archer Daniels Midland Company y Corn Products International, donde se buscaba regular el consumo de alta fructosa por parte de los menores de edad. Finalmente, se puede observar que un denominador común entre algunos de los reclamos de las empresas extranjeras en el territorio nacional fue no gozar de las mismas prerrogativas o concesiones que el gobierno otorgaba a sus empresas paraestatales o nacionales, aludiendo a los establecido por la cláusula de trato nacional.

Las demandas en contra de México que han resultado a favor de las empresas transnacionales han implicado cuantiosos costos, no sólo por las sumas de reparación que se han tenido que pagar a los inversionistas afectados, sino por los miles de dólares gastados en el proceso ante los tribunales del CIADI. Además, es preciso mencionarse que las sumas solicitadas por las empresas demandantes cada vez son mayores y se estiman en miles de millones de dólares.

Aparte de lo recogido en el cuadro es menester mencionar que el TLCAN en general y las demandas hechas en contra de México ante el CIADI en particular, son muestra evidente de una situación que se ha pretendido reducir o eliminar con las reformas al mecanismo de solución de controversias inversionista-Estado, que son las demandas frívolas. El término de demandas frívolas se refiere a procedimientos que se inician, aunque carezcan de una base sólida, es decir, que no tienen fundamentos jurídicos reales para proceder y menos obtener una victoria, sin embargo, se interponen, ya sea para ganar tiempo o para probar suerte; y en la mayoría de las veces son subestimadas y desechadas por los tribunales, aunque ya implicaron pérdida de tiempo, esfuerzo y recursos.

V. CONCLUSIONES

La globalización económica estuvo acompañada por un incremento sustancial en el poder de acción y de incidencia de las empresas transnacionales en las políticas mundiales y en los acuerdos internacionales, como es el caso de la regulación para la inversión extranjera. Este hecho ocasionó que se comenzará la utilización del mecanismo de solución de controversias inversionista-Estado como parte común dentro de los acuerdos de inversión bilaterales o parte de los capítulos para este fin dentro de los tratados de libre comercio.

La pandemia por COVID-19 trastocó todas las acciones de todos los actores dentro del escenario internacional. Los países y las empresas transnacionales se vieron profundamente afectados por las consecuencias económicas de la pandemia y tuvieron que cambiar sus prioridades en materia de política. Muchos países comenzaron a redefinir y renegociar su papel dentro del régimen internacional de inversión extranjera, al tiempo que renegociaron, modificaron o abandonaron acuerdos en la materia para buscar medidas que protegieran a sus propias empresas, a sus sectores estratégicos y a sus poblaciones en general.

México, por su parte, mantuvo su postura favorable hacia la inversión extranjera y por ello participó activamente en la renegociación del TLCAN, lo que dio como resultado la firma y puesta en vigor del T-MEC, un acuerdo donde aunque se modificaron algunos lineamientos para mejorar y hacer más transparente al mecanismo de solución de controversias entre inversionistas y Estados, este se mantuvo.

México ha sido objeto de demandas en múltiples ocasiones dentro del TLCAN y lo va a ser también ahora como parte del T-MEC, por parte de empresas transnacionales que aunque operan dentro del territorio nacional y exigen un trato nacional, igual que cualquier otra empresa mexicana, no se atienen de la misma manera a las políticas y leyes nacionales. Estas empresas acuden al CIADI para interponer una demanda en un tribunal ajeno al territorio nacional y con normas distintas a la legislación mexicana, lo que no sólo vulnera la soberanía nacional, sino que atenta contra la integridad y capacidad del país de proteger a su población y encaminarse hacia la senda del desarrollo.

Las demandas interpuestas ante el CIADI en contra de México por inversionistas foráneos asentado en el país, han ocasionado pérdidas multimillonarias, ruptura total con los inversionistas demandantes que terminan saliendo del país y costosos procesos en tribunales arbitrales. Por lo que, es necesaria una revisión desde una lógica de costo-beneficio, de la idoneidad de la inclusión de este mecanismo en los tratados de libre comercio de los que México es parte. Asimismo, revisar los resultados obtenidos en los procesos judiciales internacionales por inversión en el CIADI con el TLCAN, a sabiendas de que lo que se obtenga con el T-MEC no puede distar mucho de los resultados anteriores.

FUENTES DE INFORMACIÓN REFERIDA

BBC, "La economía y el coronavirus: los negocios ganadores y los sorpresivos perdedores durante la pandemia", [en linea], (2020), <https://www.bbc.com/mundo/noticias-52647431>[Consultado en: 10/12/2022.].

«*Caso CIADI No. ARB(AF)/04/5*», [en línea], (2014) <https://www.gob.mx/cms/uploads/attachment/file/41974/Ficha_tecnica_Archer_Daniels_Midland_Co.pdf> [Consultado en: 10/12/2022.].

«B-Mex, LLC; B-Mex II, LLC; Palmas South, LLC; Oaxaca Investments, LLC, y Santa Fe Mexico Investments, LLC; Gordon Burr, Erin Burr y John Conley c. los Estados Unidos Mexicanos» [en linea], (2014), <https://www.italaw.com/sites/default/files/case-documents/ italaw7501.pdf> [Consultado en: 10/12/2022.].

CIAR GLOBAL, «Arbitraje contra México: Legacy Vulcan Reclama 500M$ En Ciadi» [en linea], (2019), <https://ciarglobal.com/arbitraje-contra-mexico-legacy-vulcan-reclama-500m-en-ciadi/> [Consultado en: 10/12/2022.].

EL ECONOMISTA, « First Majestic inicia disputa contra México bajo el TLCAN» *[en linea],* (2021), <https://www.eleconomista.com.mx/empresas/Minera-canadiense-First-Majestic-inicia-solicitud-de-arbitraje-internacional-contra-Mexico-20210302-0059.html> [Consultado en: 10/12/2022.].

KATZ, C., «La pandemia que estremece al capitalismo», Posición, 3, [en línea], (2020) <https://ri.unlu.edu.ar/xmlui/bitstream/handle/rediunlu/686/Katz%20Claudio%20COVID-19.pdf?sequence=1&isAllowed=y> [Consultado en: 10/12/2022.].

KISSINGER, H, «Henry Kissinger: La pandemia de coronavirus alterará el orden mundial para siempre», [en linea], (2020), <https://www.infobae.com/america/eeuu/2020/04/05/henry-kissinger-la-pandemia-de-coronavirus-alterara-el-orden-mundial-para-siempre/>. [Consultado en: 10/12/2022.].

QUINTERO SÁNCHEZ, A., "Perspectivas y prospectivas del mecanismo de solución de controversias inversionista-Estado en los acuerdos de libre comercio" en *Los medios juridiccionales de solución de las controversias internacionales,* IIJ-UNAM, México, 2022, pp. 93-115.

QUINTERO SÁNCHEZ, A, "China frente a EEUU en la evolución del régimen internacional de inversiones en Asia-Pacífico. Más allá del TPP", Portes, *Vol 14, No. 28, julio-diciembre 2022.*

RIUS I GILBERT, C., "La peste a lo largo de la historia", Enfermedades Emergentes, Vol. 18, No. 3, pp. 119-127.

SECRETARÍA DE ECONOMÍA, «Bayview irrigation district y otros demandantes demandantes/inversionistas, *c. Los estados unidos mexicanos demandado/parte Caso CIADI No. ARB (AF)/05/1»*, [en línea], (2020) <https://ri.unlu.edu.ar/xmlui/bitstream/handle/rediunlu/686/Katz%20Claudio%20COVID-19.pdf?sequence=1&isAllowed=y> [Consultado en: 10/12/2022.].

SECRETARÍA DE ECONOMÍA, «Corn Products International, Inc. (CPI) c. los Estados Unidos Mexicanos Caso CIADI No. ARB(AF)/04/01» *[en linea],* (2012), <http://www.2006-2012.economia.gob.mx/files/comunidad_negocios/solucion_controversias/inversionista-estado/casos_concluidos/Corn_Products_International/IICornProductsInternational14042009a.pdf> [Consultado en: 10/12/2022.].

SECRETARÍA DE ECONOMÍA, «Fireman's Fund Insurance Company (Fireman's) c. los Estados Unidos Mexicanos CASO CIADI NO. ARB(AF)/02/1» *[en linea],* (2004), <http://www.economia-snci.gob.mx/sic_php/pages/importa/sol_contro/consultoria/Casos_Mexico/

Fireman/Fireman.htmf> [Consultado en: 10/12/2022.].

SECRETARÍA DE ECONOMÍA, «Lion Mexico Consolidated LP c. los Estados Unidos Mexicanos, México, SE» [en linea], (2015), <https://www.gob.mx/cms/uploads/attachment/file/30092/Ficha_tecnica_LMC.pdf> [Consultado en: 10/12/2022.].

SECRETARÍA DE ECONOMÍA, «Metalclad Corporation c. los Estados Unidos Mexicanos Caso CIADI No. ARB(AF)/97/01, México, SE» [en linea], (2001), https://www.economia.gob.mx/files/Metalclad_v2.pdf [Consultado en: 10/12/2022.].

SECRETARÍA DE ECONOMÍA, «Robert Azinian, et al c. los Estados Unidos Mexicanos Caso CIADI No. ARB(AF)/97/02, México, SE» [en linea], (1999), <https://www.economia.gob.mx/files/comunidad_negocios/solucion_controversias/inversionista-estado/casos_concluidos/Azinian/I_Azinian_20080603.pdff> [Consultado en: 10/12/2022.].

SOTO ACOSTA, W., MORALES CAMACHO, M. (2015), "El ébola como objeto de estudios de las Relaciones Internacionales" en *Ciencias Sociales y Relaciones Internacionales: Nuevas perspectivas desde América Latina,* Unidad de Gestión Editorial de la Escuela de Relaciones Internacionales de la Universidad Nacional de Costa Rica, 2015, pp. 257-274.

UNCTAD, «Impact of the Coronavirus Outbreak on Global FDI», [en linea], (2020), https://unctad.org/system/files/information-document/diae_gitm34_coronavirus_8march2020.pdf [Consultado en: 10/12/2022.].

Capítulo 4

Efectos económico financiero de la disputa comercial en materia energética en méxico a la luz del T-MEC

MARGARITA PALOMINO GUERRERO[74]

I. INTRODUCCIÓN

En el marco de los litigios en materia de inversión que se han iniciado contra el Estado mexicano por las decisiones económicas que ha tenido, destacan los relacionados con la materia energética.

Partimos de establecer que inversión significa todo activo propiedad de un inversionista o controlado por él mismo, directa o indirectamente que tenga las características de una inversión, ya sea compromiso de capital u otros recursos, expectativa de obtener ganancias o utilidades, o la asunción de riesgo, por lo que una inversión puede incluir una empresa, acciones, valores, otras formas de participación en el capital de una empresa,

---

74 Directora del Seminario de Derecho Fiscal y Finanzas Públicas de la Facultad de Derecho UNAM, Investigadora en el Instituto de Investigaciones Jurídicas de la UNAM e investigadora del Sistema Nacional de Investigadores.

pero no significa reclamaciones pecuniarias derivadas exclusivamente de contratos comerciales para venta de mercancías o el otorgamiento de créditos en relación con un contrato comercial que aluda a reclamaciones por venta de mercancías[75].

En este orden de ideas nuestros socios comerciales Estados Unidos y Canadá decidieron plantear una consulta, por considerar que el actuar de México transgrede los acuerdos del T-MEC, entre otras cosas porque el 9 de marzo de 2021 se reforma la Ley de la Industria Eléctrica, para dar prioridad a la energía generada por la Comisión Federal de Electricidad, hoy empresa productiva del Estado, y en un segundo término, la generada por particulares, argumentando México que no hay violación alguna ya que en el capítulo 8 se establece:

> Artículo 8.1: Reconocimiento del Dominio Directo y la Propiedad Inalienable e Imprescriptible de los Estados Unidos Mexicanos de los Hidrocarburos.

Por lo que, en el caso de México, y sin perjuicio de sus derechos y medios disponibles conforme a este Tratado, Estados Unidos y Canadá reconocen que:

> [...]
> (a) México se reserva su derecho soberano de reformar su Constitución y su legislación interna; y
> [...]

Pero es muy importante aclarar que este capítulo establece que se refiere únicamente a hidrocarburos y que, en efecto, se reserva su derecho de reformar su constitución y legislación interna, pero es evidente que con dichas reformas no puede

---

75 *Cfr.* Artículo 1.4: Definiciones Generales, Tratado entre México, Estados Unidos y Canadá (T-MEC), *Diario Oficial de la Federación*, México, 2020.

contravenir lo pactado en los contratos que el Estado firmó con los inversionistas privados, tanto nacionales como extranjeros.

Por lo que, el objetivo de este trabajo es evidenciar que si nuestro país no llega a un acuerdo en la consulta que nuestros socios comerciales plantearon y que se constituye en la antesala del arbitraje, hay elementos objetivos para identificar que el actuar de México es contrario a los acuerdos establecidos y que incurre en dar un trato menos favorable a nuestros socios, situación que está claramente regulada en el artículo 14.4 del T-MEC.

Paralelamente planteamos que, de continuar nuestro país con esta Política, que ya ha desincentivado la inversión en el sector energético, puede representar un freno a la oportunidad de crecimiento que tenemos con la estrategia *nearshoring*, es decir, el traslado de operaciones comerciales a nuestro país.

II. MARCO REFERENCIAL

El 13 de diciembre de 2013 se aprobó por la Cámara de Diputados la reforma a los artículos 25, 27 y 28 de la Carta Magna en materia energética. Por lo que se crean las Empresas Productivas del Estado para atender las áreas estratégicas.

Cabe señalar que el término "estratégico" implicaba exclusividad del Estado en la planeación, administración, explotación y control de los recursos o de las actividades y ahora en la planeación, control, transmisión y distribución de la energía eléctrica; hoy el Estado puede realizar dichas funciones a través de particulares, mediante contratos.

Así, las Empresas Productivas del Estado, en este caso la Comisión Federal de Electricidad, tiene un régimen jurídico especial con sustento constitucional y en la ley secundaria, específicamente en la Ley de la Industria Eléctrica se establecen sus reglas constitutivas.

En el artículo 27 constitucional párrafo sexto, se regula exclusivamente la industria eléctrica y se establece que la planeación, control, transmisión y distribución de la energía eléctrica para servicio público no se otorgará a partir de concesiones, pero sí serán susceptible de contratos, por lo que, en las demás actividades de la industria eléctrica se permite que puedan operar por concesiones.

En este orden de ideas, el párrafo cuarto del artículo 28 de la Carta Magna redujo las áreas estratégicas que antes eran exclusivas del Estado, como la cadena productiva de la industria eléctrica, por lo que, ahora solo conserva algunas actividades[76].

Bajo este contexto, es importante destacar que el concepto estratégico debe entenderse como la permisión para que los particulares en la industria eléctrica y de hidrocarburos a través de concesiones, contratos y licencias, lícitamente puedan participar, por lo que el concepto "funciones exclusivas del Estado" tiene una nueva dimensión[77].

Sin duda la participación de los particulares en este sector es indispensable en virtud de que se requieren grandes inversiones además de nuevas tecnologías con las que México no cuenta, para poder responder a la necesidad de reducir los costos del servicio eléctrico, generar su desarrollo y lograr la interconexión, tarifas y estandarización de la electrificación y paralelamente fomentar el crecimiento de las energías renovables.

---

[76] *Cfr.* Cárdenas Gracia, Jaime Fernando, "La reforma energética y transformación del derecho público", en Anglés Hernández, Marisol y Palomino Guerrero, Margarita (coords.), *Aportes sobre la configuración del derecho energético en México,* México, UNAM, Instituto de Investigaciones Jurídicas, 2019, pp. 49-51.

[77] *Ibídem,* p. 51.

La reforma secundaria en materia energética contempló, entre otras, la Ley de la Industria Eléctrica con la finalidad de lograr la separación legal de esta industria, es decir, su independencia operativa en torno a la generación, transmisión, distribución y comercialización, en donde los particulares ahora pueden participar, sin embargo, en este contexto de reformas se da el cambio sexenal en nuestro país y la nueva administración tiene una perspectiva diferente, en donde pese a existir un marco constitucional de apertura para la inversión en materia energética, la política gubernamental busca la centralización y operación sólo por el Estado Mexicano, lo que se traduce en una visión distinta de la participación de los particulares en el sector.

Así, el 09 de marzo de 2021 se publica el decreto que reforma la Ley de la Industria Eléctrica para dar prioridad a la energía generada por las plantas de Comisión Federal de Electricidad y en un segundo término a la generada por los particulares y las renovables, lo que sin duda se opone a los acuerdos de París que México en su momento signó.

A la luz de esta reforma se eliminó la compra de electricidad básica por parte de la Comisión Federal de Electricidad a través de subastas a largo plazo, es decir, la Empresa Productiva del Estado no se sujeta a ningún proceso previo para adquirir energía eléctrica, por lo que, se fomenta la compra de energía a un precio fuera de mercado o incluso sin cumplir los requisitos de calidad de la competencia.

Aunado a todo lo referido se favoreció a los transportistas que adquirieran insumos comprados a PEMEX y CFE, incluso se le otorgó a PEMEX prórroga para dar cumplimiento a la obligación de las especificaciones de niveles máximos de contenido de azufre en el Diésel automotriz.

Por lo que, se emite la norma oficial mexicana NOM-016-CRE-2016, con las especificaciones de calidad de los petrolíferos, publicada en el Diario Oficial de la Federación el 29 de agosto de 2016[78]. La NOM, tiene como objeto establecer las especificaciones de calidad[79] que deben cumplir los petrolíferos en cada etapa de la cadena de producción y suministro, en territorio nacional, incluyendo su importación.

En este sentido, vale la pena valorar que el cumplimiento de las especificaciones de calidad, incluso resultan inferiores en comparación a los costos y perjuicios que se pueden ocasionar por petrolíferos fuera de especificaciones con repercusiones graves a la población, a los bienes, la industria, la prestación de servicios y al ambiente, por eso su importancia.

Sin embargo, la reforma a la Ley de la Industria Eléctrica integró un marco regulatorio en donde se le da prioridad a toda la energía eléctrica producida y operada por CFE, lo que genera una violación al derecho de las empresas extranjeras al darles un trato menos favorable[80].

---

78 Acuerdo por el que la Comisión Reguladora de Energía expide la Norma Oficial Mexicana NOM-016-CRE-2016, Especificaciones de calidad de los petrolíferos, *Diario Oficial de la Federación*, México, 2016, DIARIO OFICIAL DE LA FEDERACIÓN, « ACUERDO por el que la Comisión Reguladora de Energía expide la Norma Oficial Mexicana NOM-016-CRE-2016, Especificaciones de calidad de los petrolíferos.» [en línea], (2026), [consulta: 22/12/22]

79 Las especificaciones de calidad de los petrolíferos se establecen en las normas oficiales mexicanas que al efecto expida la CRE. Por lo que es importante referir que deben corresponder con los usos comerciales, nacionales e internacionales y con los requisitos de calidad de los petrolíferos en cada etapa de la cadena de producción y suministro.

80 "Cada Parte otorgará a los inversionistas de otra Parte un trato no menos favorable que el que otorgue, en circunstancias similares, a sus propios inversionistas en lo referente al establecimiento, adquisición, expansión, administración, conducción, operación y venta u otra forma de disposición de inversiones en su territorio", es decir, no pueden otorgar un trato menos favorable que el que otorgue en circunstancias similares. *Cfr.* Artículo 14.4: Trato Nacional, Tratado

III. MÉXICO Y SUS POLÍTICAS ENERGÉTICAS A LA LUZ DEL T-MEC

En México nuestra Carta Magna incorporó desde el 18 de junio de 2008 la figura del arbitraje como un medio alterno. Así, "las leyes preverán mecanismos alternativos de solución de controversias"[81].

Por lo que, "el arbitraje encierra el ejercicio afirmativo de libertades constitucionales que ameritan protección judicial", su texto es neutro, lo que implica que todos los mecanismos alternativos de solución de controversias gozan del mismo tipo de protección constitucional, nos referimos a: mediación, conciliación y arbitraje, por tanto, el legislador no está obligado a regular ninguno de ellos de manera preferente. Pero si las partes deciden acudir al arbitraje, deben hacerlo sobre la premisa de que el tribunal arbitral no es equiparable a una autoridad judicial desde la perspectiva constitucional.[82]

En este orden de ideas, México firmó el acuerdo comercial entre Canadá y Estados Unidos para sustituir al TLCAN, así el T-MEC se constituye en el nuevo acuerdo comercial que mantiene los pilares de la relación comercial e incorpora nuevas líneas, en donde destaca cómo abordar y resolver los desafíos comerciales.

Este acuerdo entró en vigor el 01 de julio de 2020 y en gran medida ha contribuido en la recuperación económica después de los embates derivados de la pandemia de COVID-19, es decir, la llegada de inversión extranjera reactivó la economía y

---

entre México, Estados Unidos y Canadá (T-MEC), *Diario Oficial de la Federación*, México, 2020.

81 Artículo 17 párrafo quinto, Constitución Política de los Estados Unidos Mexicanos, *Diario Oficial de la Federación*, México, 1917.

82 Tesis 1a. XXXVI/2017, *Semanario Judicial de la Federación y su Gaceta*, Décima Época. Núm. De Registro: 2014010, marzo de 2017.

fortaleció el crecimiento del comercio digital, pero también es importante señalar que generó nuevos retos que aún no hemos resuelto en su totalidad, como es la protección de datos de los consumidores, el blindaje de las operaciones a través de plataformas digitales y una cobertura mayor a través de los servicios financieros[83].

Bajo esta dinámica, en el T-MEC se contemplan mecanismos para resolver las diferencias que pudieran surgir a fin de que las partes, sin necesidad de llegar a tribunales, mantengan sus relaciones comerciales.

Este acuerdo trilateral se integra por 34 capítulos, y en el número 31 se establecen las reglas para la solución de conflictos entre las partes, por lo que para poder reclamar un incumplimiento a partir de este acuerdo se deberá hacer una reclamación de arbitraje por parte del inversionista y conforme a lo dispuesto en el anexo 14-C.[84]

Así, "las Partes procurarán en todo momento llegar a un acuerdo sobre la interpretación y la aplicación de este Tratado, y realizarán todos los esfuerzos, mediante cooperación y consultas, para alcanzar una solución mutuamente satisfactoria sobre un asunto que pudiese afectar su funcionamiento o aplicación".[85]

En este orden de ideas Estados Unidos acudió a la figura de la consulta secundándole Canadá. Misma que establece:

---

83 FORBES STAFF, «¿Qué es el T-MEC y por qué es importante para México?», [En línea], (2022), [Consulta: 14/12/22] <https://www.forbes.com.mx/economia-que-es-el-t-mec-y-por-que-es-importante-para-mexico>

84 *Cfr.* Capítulo 14. Inversión, Trato Nacional, Tratado entre México, Estados Unidos y Canadá (T-MEC), *Diario Oficial de la Federación*, México, 2020.

85 *Cfr.* Artículo 31.1: Cooperación, Tratado entre México, Estados Unidos y Canadá (T-MEC), *Diario Oficial de la Federación*, México, 2020.

> [...]
> 2. La Parte que haga la solicitud de consultas lo hará por escrito y establecerá las razones de la solicitud, incluida la identificación de la medida específica u otro asunto en cuestión y una indicación de los fundamentos jurídicos de la reclamación.[86]
>
> [...]

En este sentido, las partes presentarán su solicitud de consulta a más tardar 30 días después para que la misma se celebre.[87]

Es importante señalar que de no llegar a un acuerdo y transcurrido 30 días desde la solicitud de consulta, las partes o una de ellas está legitimada para solicitar un panel que resuelva la controversia, mismo que se conformará por entre tres y cinco panelistas de una lista pre aprobada por los firmantes.[88]

El problema en México, es que su política es opuesta al marco constitucional vigente, por lo que, es necesario o modificar el marco regulatorio o replantear su política en materia de inversión y sobre todo del sector energético, porque el Ejecutivo tiene una visión centralista, pero un marco constitucional de apertura a las inversiones, por lo que si no se define el rumbo, la falta de certeza jurídica frenará aún más la inversión.[89]

---

86 Artículo 31.4: Consultas, Tratado entre México, Estados Unidos y Canadá (T-MEC), *Diario Oficial de la Federación*, México, 2020.

87 Ídem.

88 *Cfr.* Artículo 31.6: Establecimiento de un Panel, Tratado entre México, Estados Unidos y Canadá (T-MEC), *Diario Oficial de la Federación*, México, 2020.

89 En el Anexo 14 C del TMEC se regula la transición para reclamaciones pendientes que establece que aquellos arbitrajes iniciados durante la vigencia del TLCAN, podrán proceder hasta su conclusión de conformidad con el propio tratado, sin que se vean afectados por la terminación del TLCAN, por lo que las inversiones hechas durante la vigencia de este último y que permanezcan durante la

Por tanto, el capítulo 14 del T-MEC regula el tratamiento de las inversiones solamente México y E.U. que otorgaron su consentimiento para el arbitraje de inversión conforme al T-MEC, sólo ellos tendrán acceso al arbitraje de inversión, ya que las inversiones canadienses se encuentran protegidas por el *Comprehensive and Progressive Agreement for the Transpacific Partnership* (CPTPP).[90]

IV. REGULACIÓN EN MATERIA ENERGÉTICA, CASO MÉXICO

Bajo el acuerdo comercial T-MEC se estableció en su capítulo 8 que México tenía soberanía sobre sus petroleras y que el país se reserva sus derechos para modificar su constitución en materia energética según sus intereses.

Sin embargo, dicha reserva no le permite se afecten los derechos y/o reglas acordadas en el Tratado.

Lamentablemente el 01 de Febrero de 2021, el Ejecutivo Federal presentó una iniciativa para reformar la Ley de la Industria Eléctrica, misma que fue aprobada y publicada el 09 de marzo de 2021 en el DOF, lo que generó controversia, ya que el ordenamiento permite poner en primer lugar las hidroeléctricas, termoeléctricas y carboeléctricas de la Comisión Federal

entrada en vigor del T-MEC quedan protegidas por un periodo de tres años posteriores a que el TLCAN, estuvo vigente. Salvo las inversiones México- E.U, respecto de inversiones elegibles para someter reclamaciones a arbitraje de conformidad al anexo 14 E párrafo segundo. *Cfr.* Anexo 14-C: Transición para reclamaciones de inversiones existentes y reclamaciones pendientes, Tratado entre México, Estados Unidos y Canadá (T-MEC), *Diario Oficial de la Federación,* México, 2020.

90 *Cfr.* ESPUGLES MOTA, C., *Tratado de inversiones extranjeras y arbitraje de inversiones en Iberoamérica,* Tirant lo Blanch, Valencia, 2020.

de Electricidad, así como los ciclos combinados de productores independientes que tienen contrato con la signataria y posteriormente se daría paso a los privados con energías eólicas y solar, y en último lugar los ciclos combinados de estos.

Aunado a lo referido, también se le facultó la Comisión Reguladora de Energía para revocar permisos de autoabastecimiento que se considerarán como resultado de acciones fraudulentas. Incluso se contempló la revisión de los contratos de compromiso de capacidad de generación de energía eléctrica y compraventa de energía eléctrica suscritos por productores independientes. Todo esto generó la necesidad de presentar un sin número de Amparos, ya que en el fondo la reforma eléctrica en comento permite una mayor participación de la Comisión Federal de Electricidad para la generación de energía con el 54% frente al 46% de los privados, la eliminación de los certificados de energía limpia y la cancelación de contratos de compra-venta de electricidad y de permisos de generación de privados[91].

Así, el Pleno de la Suprema Corte de Justicia de la Nación a través del acuerdo número 7/2022 ordenó levantar el aplazamiento de la resolución de los diversos juicios de amparo contra la Ley de la Industria Eléctrica y se resolvió la acción de inconstitucionalidad 74/2021, mediante sesión del 07 de abril de 2022, en donde siete ministros sostuvieron que la reforma de la ley multicitada es inconstitucional y cuatro votaron a favor del proyecto de sentencia que declaraba la validez de la reforma, por lo que, la acción de inconstitucionalidad

---

91 TAPIA CERVANTES, P., «Sector eléctrico en 2021: de un cambio a la ley a reforma constitucional», [En línea], (2022), [Consulta: 15/12/22] <https://www.eleconomista.com.mx/empresas/Panel-energetico-en-el-T-MEC-es-altamente-probable-Kenneth-Smith-20221201-0049.html>.

promovida fue desestimada ya que no tuvo una mayoría calificada de ocho ministros de la SCJN.

En torno a los amparos es importante referir que nuestros tribunales respecto de las solicitudes de suspensión de la aplicación de la Ley de la Industria Eléctrica, se pronunciaron en el sentido de considerar que por la entrada en vigor de dicha ley no se causa una afectación a las empresas, por lo que, quizá puedan establecer que se requiere de un acto concreto de aplicación por parte de la autoridad con lo cual no entrarían a la resolución de fondo.

V. RECLAMACIÓN EN MATERIA ENERGÉTICA CONTRA MÉXICO

La solicitud de consulta que presentó Estados Unidos y a la que después se unió Canadá, plantea que se incurrió en violaciones a disposiciones del T-MEC, en virtud de modificar las condiciones de la contratación.

Es entonces que se plantea que, ante medidas que afecten a empresas estadounidenses y la energía producida por Estados Unidos, en favor de la empresa eléctrica estatal de México, CFE, se vulneran los acuerdos, razón por la que el 20 de julio de 2022 E.U. solicitó la celebración de consultas, mismas que cualquiera de las partes pueden plantear por escrito, sin ser considerada como una etapa contenciosa.

Por tanto, el consentimiento en el T-MEC lo deben manifestar por escrito, aceptando someterse a arbitraje y por ende renuncian a acudir a tribunales locales o cualquier otro procedimiento de solución de controversias.[92] El procedimiento

---

92 *Cfr.* Artículo 14.D.5: Condiciones y Limitaciones al Consentimiento, fracc. I, inciso (d) y (e), Tratado entre México, Estados Unidos y

es que deberán resolver la controversia mediante consulta y negociación de conformidad al artículo 2 Anexo 14 D.

Cabe señalar que no se podrá presentar reclamación si han transcurrido 4 años (un año más que en el TLCAN), termino contado a partir de que se tuvo conocimiento de la violación de conformidad al artículo 5.1 (c) Anexo 14 D.

El referente que se tiene en México es que ha sido condenado de 28 arbitrajes en 9 de 18 concluidos, lo cual no es nada alentador y las sumas que se han tenido que pagar son cuantiosas ya que se debe indemnizar a la contraparte, baste referir el caso de *Metalclad Corporation*, en donde México pagó 16 millones de dólares.

Actualmente el cuestionamiento radica en identificar si la reforma de la Ley de la Industria Eléctrica viola los principios de trato nacional, nación más favorecida, presencia local y acceso a mercados, establecidos en los tratados internacionales firmados y ratificados por México como el T-MEC.

Debemos reconocer que la solicitud de consultas presentada por Estados Unidos, y después por Canadá, identifica cuatro medidas que en nuestra opinión sí son violatorias de diversas disposiciones del T-MEC, entre ellos se encuentran las actividades y medidas relacionadas con el sector energético, entre otras: inacción, retrasos, negativas y revocaciones de permisos para las empresas privadas del sector, en particular, para operar centrales de generación renovable, importar, almacenar, transportar y comercializar combustibles[93].

Por lo que, el problema se centra en que las autoridades mexicanas realizan una serie de medidas tendientes a demorar,

---

Canadá (T-MEC), *Diario Oficial de la Federación*, México, 2020.

93 *Cfr.* Artículos 2.3: Trato Nacional y 14.4: Trato Nacional, Tratado entre México, Estados Unidos y Canadá (T-MEC), *Diario Oficial de la Federación*, México, 2020.

negar o revocar permisos a aquellas empresas que solicitan operar fuentes de energía renovable, importar o exportar electricidad y combustibles, almacenar o transportar combustibles, así como construir u operar estaciones de venta de gasolina, dando un trato menos favorable.

Así, en caso de controversia de inversión calificada, la demandante y la demandada deberán buscar inicialmente resolver la controversia mediante consulta y negociación, que podrá incluir el uso de procedimientos de carácter no vinculante con participación de terceros, tales como buenos oficios, conciliación o mediación[94].

Pero en caso de que una parte contendiente considere que una controversia de inversión calificada no puede ser resuelta mediante consulta y negociación: la demandante, por cuenta propia, podrá someter a arbitraje una reclamación en el sentido de que la demandada ha violado[95].

Otro cuestionamiento radica en la prórroga a PEMEX para cumplir con la NOM 016-CRE-2016 que establece los límites máximos de contenido de azufre en el diésel automotriz lo que resulta cuestionable a la luz del artículo 22.5.2 del T-MEC. Ya que únicamente a PEMEX le fue concedida una prórroga de 5 años, discriminando a los demás participantes del mercado. Situación que se traduce en un actuar parcial por parte de la Comisión Reguladora de Energía (CRE).

Por otra parte, la Secretaría de Energía a través del oficio número *SENER.100/195/2022,* comunicó a la CRE y al Centro

---

94 *Cfr.* Artículo 14.D.2: Consulta y Negociación, Tratado entre México, Estados Unidos y Canadá (T-MEC), *Diario Oficial de la Federación*, México, 2020.

95 *Cfr.* Artículos 14.4: Trato Nacional y Artículo 14.5: Trato de Nación Más Favorecida, Tratado entre México, Estados Unidos y Canadá (T-MEC), *Diario Oficial de la Federación*, México, 2020.

Nacional de Control de Gas Natural, una política y una nueva estrategia para garantizar el abastecimiento de gas natural. Es decir, obligan a los usuarios del servicio de transporte de gas natural a tener contratos vigentes con la CFE, lo que implica tratar de una manera menos favorable a las importaciones que no provengan de esta empresa del Estado.

Para Kenneth Smith[96], actualmente socio del despacho AGON y exjefe de la negociación técnica para el T-MEC, es muy probable que se pueda acreditar un trato discriminatorio a las empresas norteamericanas, por lo que, un panel energético en el marco del tratado es probable, porque simplemente la suspensión de permisos de generación es violatoria del tratado.[97]

En este orden de ideas si México pierde la disputa, que se estima se resuelva en 2023, Estados Unidos y Canadá podrían imponer aranceles equivalentes a las pérdidas que han enfrentado sus empresas.

Las pérdidas se estiman entre 10 mil millones y 30 mil millones de dólares, mientras que *BloombergNEF* calcula que por lo menos los más de 22 mil millones en inversión privada están en riesgo. Por lo que, se identifica como una de las disputas más costosas para México, y la pregunta en torno a este planteamiento es ¿qué hace suponer que nuestro país perderá? y la respuesta es, porque las violaciones son precisas y específicas y encuadran en los supuestos que el propio T-MEC contempla[98].

---

96 Fungió como jefe de la Negociación Técnica de México para el T-MEC, y fue también director general para América del Norte en la Secretaría de Economía.

97 *Cfr.* MORALES, R., «Panel energético en el T-MEC es altamente probable: Kenneth Smith», [En línea], (2022), [Consulta: 15/12/22] <https://www.eleconomista.com.mx/empresas/Panel-energetico-en-el-T-MEC-es-altamente-probable-Kenneth-Smith-20221201-0049.html>.

98 *Cfr CATTAN, N., DE HALDEVANG, M., «Eso sí da miedo: Controversia por T-MEC costaría a México hasta 30 mil mdd»,* [En línea],

Es decir, se podrían imponer aranceles a productos mexicanos que hoy exportamos como son la cerveza, tequila, aguacate, jitomate, frambuesa, moras, fresas, automóviles o sus autopartes, entre muchos otros. Con ello, los precios subirían y saldríamos del mercado norteamericano ya que productos similares de otros países pudieran ser más económicos y, por ende, atractivos, pero eso no es todo, tendríamos que afrontar internamente un incremento en la tasa de desempleo.[99]

VI. EFECTOS EN LAS FINANZAS PÚBLICAS SI MÉXICO PIERDE LA DISPUTA

En principio debemos reconocer que la afectación por mantener una política contraria a los acuerdos internacionales frenó la inversión, baste referir que la CRE (regulador) había otorgado permisos para la capacidad de generación privada, la mayoría de estos nunca llegaron a concretarse y no se han construido hasta el día de hoy, por los intentos de cambios en la regulación y las instituciones en el espacio, lo que finalmente ha frenado la participación privada e inversión en el espacio de la electricidad.[100]

(2022), [Consulta: 19/12/22] <https://www.elfinanciero.com.mx/bloomberg/2022/07/21/eso-si-da-miedo-controversia-por-t-mec-costaria-a-mexico-hasta-30-mil-mdd/>.

99 *Cfr.* Confederación Patronal de la República Mexicana, "¿Qué podría perder México si llegamos a un panel en el marco del T-MEC?", *COPARMEX Nuevo León*, México, 2 de agosto de 2022, *[Consulta: 19/12/22]. <https://coparmexnl.org.mx/2022/08/02/mexico-en-panel-tmec/>.*

100 *MARTÍN CULLELL, J. y SUÁREZ, K., «El regulador energético mexicano maniobra en contra de las centrales privada», [En línea], (2020), [Consulta: 15/12/22] <https://elpais.com/mexico/2022-02-07/el-regulador-energetico-mexicano-maniobra-en-contra-de-las-centrales-privadas.html>.*

Es importante considerar que las exportaciones de México podrían aumentar su valor en unos 155 mil millones de dólares en los próximos años, al beneficiarse del llamado *nearshoring*[101], de cuyo monto unos 22 mil millones podrían corresponder al sector de las baterías y de los autos eléctricos.

Sin embargo, la falta de infraestructura eléctrica y los recientes cambios a las leyes locales que están llevando hacia disputas con los socios comerciales del TMEC, consideró la firma de servicios financieros e inversiones Morgan Stanley, pueden evitar que las inversiones lleguen al país.

Sin duda una de las preocupaciones que debemos atender es: la inseguridad, la infraestructura, el uso de energías renovables y la falta de certidumbre en las políticas públicas porque los inversionistas piden certeza en sus inversiones y sobre todo un marco jurídico estable.

VII. CONCLUSIONES

1.- Nuestra Carta Magna contempla en su artículo 17 los medios alternos de solución de controversias, para evitar llegar a resolver las diferencias que surjan en tribunales y el T-MEC contempla en el capítulo 31.4 la figura de la consulta, previo a la posibilidad que tienen las partes de solicitar un panel que resuelva la controversia.

2.- La reforma a la Ley de la Industria Eléctrica del 9 de marzo de 2021, al dar prioridad a la energía generada por la Comisión Federal de Electricidad y en segundo término la generada por particulares, da un trato menos favorable a las inversiones

---

101 Nearshoring se entiende como el traslado de las operaciones de un negocio a un país cercano para aprovechar las ventajas económicas, regulatorias, políticas, entre otras, por sobre otras naciones.

de sus socios comerciales, lo cual resulta cuestionable a la luz del artículo 14.4 del T-MEC.

3.- No se puede otorgar un trato menos favorable que el que dé en circunstancias similares a las inversiones en su territorio de sus propias inversiones, de lo contrario estaremos en presencia de un trato menos favorable, en lo referente a inversión, adquisición, expansión, administración, conducción, operación, entre otros.

4.- La medida de negar y /o revocar permisos para empresas privadas del sector, de no llegar a un acuerdo en la consulta tendremos que entrar al arbitraje, porque las modificaciones a nuestra legislación deben salvaguardar los acuerdos contenidos en el tratado y por ejemplo, otorgar prórroga sólo a uno de los actores como es PEMEX, para que dé cumplimiento a las especificaciones de los máximos de contenido de azufre en el diésel automotriz, no sólo favorece a los transportistas que adquieran insumos comprados a PEMEX y CFE y discrimina a los demás inversionistas, incluso incumple con los acuerdos internacionales en materia de protección al medio ambiente.

FUENTES DE INFORMACIÓN REFERIDA

CÁRDENAS GRACIA, J., F., "La reforma energética y transformación del derecho público", en *Aportes sobre la configuración del derecho energético en México,* Instituto de Investigaciones Jurídicas, México, 2019.

CATTAN, N., DE HALDEVANG, M., «Eso sí da miedo: Controversia por T-MEC costaría a México hasta 30 mil mdd», [En línea], (2022), [Consulta: 19/12/22] <*https://www.elfinanciero.com.mx/bloomberg/2022/07/21/eso-si-da-miedo-controversia-por-t-mec-costaria-a-mexico-hasta-30-mil-mdd/*>

CONFEDERACIÓN PATRONAL DE LA REPÚBLICA MEXICANA, «"¿Qué podría perder México si llegamos a un panel en el marco del T-MEC?», [En línea], (2022), [Consulta: 19/12/22] <*https://coparmexnl.org.mx/2022/08/02/mexico-en-panel-tmec/*>.

Constitución Política de los Estados Unidos Mexicanos

DIARIO OFICIAL DE LA FEDERACIÓN, «ACUERDO por el que la Comisión Reguladora de Energía expide la Norma Oficial Mexicana NOM-016-CRE-2016, Especificaciones de calidad de los petrolíferos.» [en línea], (2026), [consulta: 22/12/22]

ESPUGLES MOTA, C., *Tratado de inversiones extranjeras y arbitraje de inversiones en Iberoamérica,* Valencia, Tirant lo Blanch, 2020.

FORBES STAFF, «¿Qué es el T-MEC y por qué es importante para México?», [En línea], (2022), [Consulta: 14/12/22] *<https://www.forbes.com.mx/economia-que-es-el-t-mec-y-por-que-es-importante-para-mexico>*

MARTÍN CULLELL, J. y SUÁREZ, K., «El regulador energético mexicano maniobra en contra de las centrales privada», [En línea], (2020), [Consulta: 15/12/22] *<https://elpais.com/mexico/2022-02-07/el-regulador-energetico-mexicano-maniobra-en-contra-de-las-centrales-privadas.html>.*

MORALES, R., «Panel energético en el T-MEC es altamente probable: Kenneth Smith», [En línea], (2022), [Consulta: 15/12/22] *<https://www.eleconomista.com.mx/empresas/Panel-energetico-en-el-T-MEC-es-altamente-probable-Kenneth-Smith-20221201-0049.html>.*

TAPIA CERVANTES, P., «Sector eléctrico en 2021: de un cambio a la ley a reforma constitucional», [En línea], (2022), [Consulta: 15/12/22] *<https://www.eleconomista.com.mx/empresas/Panel-energetico-en-el-T-MEC-es-altamente-probable-Kenneth-Smith-20221201-0049.html>.*

Tesis 1a. XXXVI/2017, *Semanario Judicial de la Federación y su Gaceta,* Décima Época. Núm. De Registro: 2014010, marzo de 2017.

Tratado entre México, Estados Unidos y Canadá (T-MEC)

Capítulo 5

El derecho soberano a la regulación interna: el caso de la energía eléctrica desde la constitución y el T-MEC

JAIME CÁRDENAS GRACIA[102]

I. INTRODUCCIÓN

América Latina y el Caribe son las regiones del mundo con más demandas ante instancias internacionales por conflictos sobre inversiones de acuerdo a la Conferencia de las Naciones Unidas sobre Comercio y Desarrollo (UNCTAD)[103]. Se trata de aproximadamente 130 demandas "inversionista- Estado" en donde, principalmente, empresas de Estados Unidos y Canadá, han reclamado judicialmente a los países de nuestra zona por violaciones a los tratados de libre comercio y de inversiones.

Durante las discusiones para aprobar la reforma constitucional en materia eléctrica la representante de comercio de Estados Unidos, Katherine Tai, le dijo a la ex Secretaria de

102 Investigador titular "C" Instituto de Investigaciones Jurídicas UNAM. ORCID: 0000-001-7566-2429. Instituto de Investigaciones Jurídicas de la UNAM. jaicardenas@aol.com

103 https://bit.ly/3KTbb8f. [Consulta: 19/12/22]

Economía de México, Tatiana Clouthier[104], que de aprobarse la reforma eléctrica, ello le costaría a los inversionistas estadounidenses diez mil millones de dólares, mismos que se podrían reclamar a México mediante los mecanismos de solución de conflictos que están previstos en el Tratado de Libre Comercio para América del Norte y en el T-MEC[105].

La mayoría de las demandas en contra de los Estados Latinoamericanos y del Caribe son interpuestas por empresas extractivistas que provocan destrucción ambiental, y criminalización en contra de personas que conforman los pueblos originarios. Se trata de una situación profundamente injusta, pues, por ejemplo, los Estados Unidos sólo han recibido cuatro demandas de empresas de América Latina y el Caribe, y de ese exiguo número no han perdido ni uno solo de los casos.

Los distintos tratados de libre comercio e inversión se ciernen en América Latina y en México como si fuesen instrumentos para impedir que los Estados soberanos regulen un sinfín de materias, y no sólo las de carácter económico o comercial, sino respecto al medio ambiente, los derechos humanos, los recursos hídricos, el modelo económico de la nación, etcétera. Por ejemplo, en la pretendida reforma constitucional en materia eléctrica de nuestro país, el T MEC se esgrimió por el gobierno de los Estados Unidos y por inversionistas extranjeros como una amenaza tendente a inhibir e impedir su aprobación. Recientemente, con la aprobación de la reforma a la ley minera para estatizar el litio, ex funcionarios mexicanos del gobierno de Enrique Peña Nieto, argumentaron que el litio no quedó excluido del T MEC y, por tanto, México podría ser

---

104 Periódico *El Financiero*, 5 de abril 2022.

105 El capítulo de inversiones -11- del Tratado de Libre Comercio de América del Norte estará en vigor hasta el 30 de junio de 2023.

demandado internacionalmente al prohibirse la inversión privada nacional y extranjera respecto a ese mineral[106].

En América Latina sobran los ejemplos de demandas internacionales emprendidas por empresarios extranjeros en contra de Estados nación que pretenden legislar soberanamente. En Honduras, el gobierno actual logró que se derogaran las zonas de empleo y desarrollo económico (ZEDE) que eran una suerte de Estado al interior del Estado hondureño y, que se regulaban por un régimen jurídico de excepción de corte neoliberal. Al derogarse esas zonas que restringían la soberanía del Estado hondureño, inmediatamente, empresas estadounidenses señalaron que presentarían demandas en contra de él, por limitarse la inversión extranjera y por violaciones a los tratados de libre comercio suscritos por ese país. Igualmente, Honduras pretendía prohibir, a través de una ley, la minería a cielo abierto, altamente contaminante y contraria a los derechos relacionados con la salud, pero los intereses norteamericanos lograron mediante la amenaza de demandas futuras por presuntas violaciones a los tratados de libre comercio que esa legislación se aprobara[107].

En el caso de México, nuestro país está dentro de los seis más demandados del mundo por inversionistas extranjeros ante instancias de arbitraje internacional, y es el tercero más demandado en América Latina. Por eso, es imprescindible, para defender nuestra soberanía, que se revisen los beneficios y perjuicios de los tratados de libre comercio y APPRI´s[108] suscritos por nuestra nación. Muchos de los APPRI podrían ser

---

106 Lo señalo Kenneth Smith Ramos. Ver: *El Heraldo de México*, 8 de febrero 2022.

107 Pérez Rocha, Manuel, ¿Equidad en las Américas?, periódico *La Jornada*, lunes 9 de mayo de 2022, página 14.

108 Acuerdo de Protección y Promoción Recíproca de Inversiones. México tiene firmados varios, entre ellos uno con China de 2009. Esos

terminados unilateralmente por nuestro país porque han expirado. Se trata de aproximadamente de 21 de esos acuerdos que podrían darse por concluidos sin consecuencia jurídica alguna para México.

Los restantes acuerdos, los que siguen vigentes, deberían antes de ser celebrados, deliberarse más ampliamente en la sociedad y en las instituciones públicas, pues los intereses supranacionales no descansan un solo día. México y la Unión Europea acaban de firmar (28 de abril 2020) un "acuerdo de principio" de libre comercio que incluye, a diferencia de lo que se había firmado en el pasado -año 2000-, un capítulo de protección de inversiones que sustituirá a todos los APPRI firmados entre México y los Estados de la Unión Europea. Recientemente se anunció un tratado de libre comercio de México con el Reino Unido. El futuro se vislumbra grave para la soberanía de México, en tanto que muchas demandas seguramente se plantearán por los inversionistas europeos en contra de las regulaciones y decisiones soberanas de nuestro país

Son muchas las medidas que se puedan introducir para limitar los efectos negativos de los tratados de libre comercio. Una de ellos, tiene que ver con el respeto irrestricto a los derechos colectivos de los pueblos originarios reconocidos en nuestra Constitución y en Convenios como el 169 de la OIT -derecho a la consulta, previa, libre, informada, de buena fe y culturalmente adecuada-. En este trabajo propongo una reforma al artículo 76 fracción I de nuestra Constitución para que los tratados en materia de libre comercio o aquéllos que pudieren poner en riesgo la soberanía de México sean aprobados, después de pasar por el análisis y ratificación del Senado, por el respaldo mediante referéndum de los ciudadanos. No se debe olvidar, como lo decía Bodin, que la soberanía se expresa

---

acuerdos permiten a los inversionistas someter reclamaciones al arbitraje de conformidad con el convenio CIADI del Banco Mundial.

fundamentalmente por el poder de las naciones a legislar y, a darse cada sociedad el Derecho que la va a regir[109].

II. LA PROTECCIÓN DE LAS INVERSIONES EN EL T-MEC

Considero que para situar la discusión es importante establecer la jerarquía de los tratados de libre comercio y de inversión, pues no faltará el que los estime tratados de derechos humanos y por tanto de similar jerarquía a las normas constitucionales. Desde nuestro punto de vista se trata de tratados diferentes a los de derechos humanos, ya que el objetivo de ellos son promover el comercio mundial y las inversiones, pero no tutelar expresamente los derechos humanos.

Si los tratados de libre comercio y de inversiones no son de entrada tratados de derechos humanos, ello significa que su jerarquía es inferior a la Constitución. Por tanto, deben ser interpretados conforme a los artículos 31 y 32 de la Convención de Viena, a partir de la buena fe respecto a los objetivos y fines de cada tratado, así como en relación con sus anexos y los preámbulos. Además, no podría obviarse el derecho de las naciones para modificar sus constituciones y principios jurídicos fundamentales porque ello implicaría desconocer el principio de soberanía popular. Los objetivos y fines de los tratados de libre comercio son promover el comercio y las inversiones, pero no restringir la soberanía de los pueblos para darse el gobierno y las normas que cada nación determine establecer.

Creemos que, en esta materia, caso por caso, deben ponderarse los objetivos y fines de los tratados de libre comercio e inversiones *vis a vis* los principios constitucionales de cada

---

109 Bodin, Jean, *Los seis libros de la República,* Madrid, Tecnos, 1997.

nación a modificar su ordenamiento jurídico fundamental para salvaguardar su soberanía y proteger los derechos fundamentales de sus habitantes. La ponderación es un método para interpretar y argumentar principios cuando ante situaciones jurídicas se encuentran en colisión y se hace necesario determinar cuál de los principios en conflicto debe prevalecer. Lato sensu comprende tres subprincipios: idoneidad, necesidad y proporcionalidad en sentido estricto.[110]

Si no se ponderan los objetivos y fines de los tratados de libre comercio e inversiones con los principios soberanos de cada Estado a darse su Derecho, estamos desconociendo la misma existencia del Estado y asumiendo una nueva forma de organización político-jurídica en donde los inversionistas de los intereses supranacionales más poderosos determinarían el ordenamiento jurídico de las naciones. Esas, hasta donde entendemos, no son las finalidades y objetivos de los tratados de libre comercio y de inversiones.

---

110 Alexy Robert, *Teoría de los derechos fundamentales,* segunda edición, traducción de Carlos Bernal Pulido, Madrid, Centro de Estudios Políticos y Constitucionales, 2007; Alexy, Robert, "Ponderación, control de constitucionalidad y representación", en Andrés Ibáñez, Perfecto y Alexy, Robert, *Jueces y ponderación argumentativa,* México, UNAM, 2006; Bernal Pulido, Carlos, *El principio de proporcionalidad y los derechos fundamentales,* segunda edición, Madrid, Centro de Estudios Políticos y Constitucionales, 2005; Clérico, Laura y otros (coordinadores), *Derechos fundamentales, principios y argumentación,* Granada, editorial Comares, 2011; Gardbaum, Stephen, "A Democratic Defense of Constitutional Balancing" en *Law & Ethics of Human Rights,* University of California, Los Angeles, Vol. 4, 2010; Höllander, Pavel, "El principio de proporcionalidad: ¿Variabilidad de su estructura?, en *La teoría principalista de los derechos fundamentales. Estudios sobre la teoría de los derechos fundamentales de Robert Alexy* (Jan-R. Sieckmann (ed.), Madrid, Marcial Pons, 2011; Huerta, Carla, *Conflictos normativos,* México, UNAM, segunda edición, 2007; y, Sánchez Gil, Rubén, *El principio de proporcionalidad,* México, UNAM, 2007.

Para comprender el alcance del T-MEC en cuanto a la regulación de las inversiones prevista en su capítulo 14, debemos iniciar con los principios que rigen esa materia que son: trato nacional, trato de nación más favorecida y nivel mínimo de trato (14.4, 14.5 y 14.6 del T-MEC). Trato nacional significa que cada parte otorgará a los inversionistas o a las inversiones cubiertas[111] de otra parte un trato no menos favorable que el que otorgue, en circunstancias similares, a sus propios inversionistas en lo referente al establecimiento, adquisición, expansión, administración, conducción, operación y venta u otra forma de disposición de inversiones en su territorio. Trato de nación más favorecida entraña que cada Parte otorgará a las inversionistas o inversiones cubiertas de otra Parte un trato no menos favorable que el trato que otorga, en circunstancias similares, a los inversionistas de cualquier otra Parte o de cualquier no Parte en lo referente al establecimiento, adquisición, expansión, administración, conducción, operación y venta u otra forma de disposición de inversiones en su territorio. En cuanto al principio de nivel mínimo de trato, éste consiste en otorgar a las inversiones cubiertas un trato acorde con el derecho internacional consuetudinario, incluido trato justo y equitativo, y protección y seguridad plenas[112].

Los tres principios anteriores protegen a las inversiones cubiertas, no a las simples expectativas de los inversionistas. Para infringir el principio de trato nacional se debe probar que los inversionistas extranjeros reciben un trato menos favorable

---

111 Una inversión cubierta significa, respecto a una Parte, una inversión en su territorio de un inversionista de otra Parte que exista a partir de la fecha de entrada en vigor del T-MEC o que se haya establecido, adquirido o expandido posteriormente. 14.1 del T-MEC.

112 Cruz Barney, Óscar y Reyes Díaz, Carlos H., *El T-MEC/USMCA: solución de controversias, remedios comerciales e inversiones. Opiniones técnicas sobre temas de relevancia nacional número 01*, México, UNAM, 2020, p. 47.

que los inversionistas mexicanos. Para violar el principio de nación más favorecida se debe demostrar que los extranjeros compiten en condiciones desiguales a las de los nacionales. En cuanto al menoscabo del principio de nivel mínimo de trato se debe acreditar que la acción o la regulación interna afecta a uno o varios parámetros del derecho internacional, dado que una medida que puede estimarse atentatoria a las expectativas de los inversionistas extranjeros ello no significa por sí misma una violación a ese principio.

Existe la duda, en cuanto a las llamadas expropiaciones indirectas -14.8.1 del T-MEC- que son aquellas en donde un acto o una serie actos de una Parte tienen un efecto equivalente a la expropiación directa sin la transferencia formal del título o del derecho de dominio. Para determinar si un acto constituye una expropiación indirecta se debe analizar caso por caso: si se trata de una inversión cubierta, si hay un impacto económico, si la medida interfiere con las expectativas inequívocas y razonables de la inversión, y cuál es el carácter del acto gubernamental, su contexto y su intención. Si, por ejemplo, la regulación nacional persigue objetivos legítimos de utilidad pública, sobre bases no discriminatorias, con apego a la legalidad y mediante indemnización no hay motivo para sostener que la expropiación indirecta o nacionalización es contraria a Derecho y pueda dar ello lugar a una demanda internacional.

El T-MEC limita el tema de las expropiaciones de facto o indirectas al estudio caso por caso, sobre una base de hechos concretos, y exclusivamente en controversias relacionadas con relaciones contractuales de las cinco áreas económicas descritas en el artículo 6 del anexo 1-E del Tratado y sólo para controversias entre Estados Unidos y México y sobre los sectores cubiertos[113]. Por lo tano corresponde a las instancias de arbitraje

---

113 Por ejemplo, el litio no está dentro de las cinco áreas económicas y no podría ser, a la luz del T-MEC, motivo de una controversia por

internacional determinar en los asuntos concretos cuando existe violación a los principios de trato nacional y de la nación más favorecida para poder considerar una medida como discriminatoria por proteger intereses de unos inversionistas sobre otros de manera privilegiada sin que existan fines legítimos a cargo del Estado que se buscan resguardar.

En el T-MEC existen dos mecanismos de solución de controversias: 1) El que establece el procedimiento para dirimir las diferencias Estado-Estado (capítulo 31) y, 2) El arbitraje inversionista Estado (capítulo 14). El primero de los mecanismos Estado-Estado se puede emplear para: solucionar problemas de interpretación o aplicación del T-MEC, cuando una parte considere que una medida vigente o en proyecto de la otra Parte es o sería incompatible con una obligación del T-MEC o que otra parte ha incumplido llevar a cabo una obligación del T-MEC, y cuando una Parte considere que un beneficio que razonablemente pudiera haber esperado recibir está siendo anulado o menoscabado como resultado de la aplicación de una medida de la otra Parte que es compatible con el T-MEC. El procedimiento Estado-Estado implica la elección del Foro, en donde se debe tomar en cuenta si la controversia surge conforme al T-MEC y otro acuerdo comercial, entonces la Parte reclamante podrá elegir el foro en el cual solucionar la controversia. En el ámbito de controversias respecto al T-MEC Estado-Estado cualquier Parte tiene el derecho a solicitar un foro compuesto de cinco o tres miembros para resolver la controversia. Las decisiones de esos paneles son vinculantes y si la Parte contra la cual se dicta una decisión no cumple, la Parte

---

expropiación indirecta. El capítulo 14-E del T-MEC protege a empresas estadounidenses -no a las canadienses- con "contratos de gobierno". Sin embargo, las inversiones extranjeras por el litio -las que estén cubiertas- si podrían reclamarse por empresas estadounidenses y canadienses conforme al capítulo 11 del TLCAN que estará en vigor hasta el 30 de junio de 2023.

reclamante tiene derecho a suspender beneficios comerciales hasta que se satisfaga la decisión del panel.

Es importante mencionar que, en los procedimientos Estado-Estado, la suspensión de beneficios es un escenario remoto que exclusivamente se puede producir si se han agotado una serie de pasos, además del incumplimiento con la resolución de arbitraje, entre ellos: desahogar el periodo de consultas; agotar la reuniones de la comisión de buenos oficios, conciliación o mediación; si después de lo anterior no se resuelve sobre el cumplimiento se debe establecer un panel internacional; tener en todo momento las partes pueden llegar a acuerdos que eliminen la inconformidad mediante compensaciones u otros remedios; y, sólo después de realizado lo anterior, un país podrá suspender los beneficios de efecto equivalente a los previstos en el laudo arbitral.

Respecto al procedimiento de arbitraje inversionista-Estado que está previsto en el capítulo 14 del T-MEC debe señalarse que sólo aplica entre México y Estados Unidos, aunque los inversionistas canadienses si pueden hacer reclamaciones conforme al capítulo 11 del TLCAN mientras éste se encuentre en vigor – hasta el 30 de junio de 2023-. Las reglas arbitrales aplicables, las que se pueden elegir, son: 1) El convenio CIADI; 2) El reglamento del mecanismo complementario del CIADI; 3) Las Reglas de Arbitrajes de la Comisión de las Naciones Unidas sobre Derecho Mercantil; y, 4) Cualquier otra regla de arbitraje que las partes acuerden.

Para iniciar el procedimiento de arbitraje inversionista-Estado, de acuerdo al anexo 14.D.5 del T-MEC, se deben agotar previamente las instancias nacionales y tener una decisión final o hayan pasado 30 meses desde el inicio de dichas instancias excepto cuando el recurso ante instancias nacionales sea manifiestamente inútil o no efectivo. El anexo 14-E establece normas para la solución de controversias de inversión-Estado, en el caso de los conflictos de inversión México Estados Unidos relacionados con contratos de gobierno cubiertos[114]. Las citadas reglas señalan como condiciones las siguientes: a) Que la demandada ha violado cualquier obligación conforme al capítulo de inversión; b) Que la demandante sea una parte de un contrato de gobierno cubierto en territorio de la demandada como una empresa de la demandada propiedad de la demandante o que esté bajo su control directo o indirecto y que sea parte de un contrato de gobierno cubierto, y que la demandada sea una parte en otro acuerdo internacional de comercio o inversión que permita a los inversionistas iniciar procedimientos de solución de controversias para resolver una controversia de inversión con un gobierno, en donde se debe acreditar que la demandante ha sufrido pérdidas o daños en virtud de, o como consecuencia de esa violación.

Hay que decir, en el caso de México, por ejemplo, respecto a los contratos de CFE que éstos no se ajustan en principio a la definición de contrato de gobierno cubierto. Debe precisarse que, en todo caso, la posible indemnización a los inversionistas extranjeros sólo procede en caso de que un panel arbitral emita un laudo a su favor después de que éstos hayan demostrado una violación a algún principio del tratado y una afectación económica a su inversión. Y, en tanto que el T-MEC garantiza la facultad regulatoria del Estado, los inversionistas deben demostrar que se han tomado por parte del Estado mexicano medidas de forma discriminatoria. Sin embargo, se debe tener gran cuidado porque los tratados de libre comercio y de inversión si tienden a reducir las competencias regulatorias y legislativas de los Estados -la soberanía- en beneficio de las

---

114 "Contratos de gobierno cubierto" entraña un acuerdo por escrito entre una autoridad nacional de una Parte y una inversión cubierta o un inversionista de la otra Parte, en la que la inversión cubierta o el inversionista se basan para establecer o adquirir una inversión cubierta distinta al acuerdo por escrito como tal, que otorga derechos a la inversión cubierta o al inversionista en un sector cubierto.

corporaciones trasnacionales, las que han capturado a los organismos multilaterales y los han puesto desde hace muchos años a trabajar a su servicio[115].

III. LA CONSTITUCIONALIDAD Y PRESUNCIÓN DE CONSTITUCIONALIDAD DE LAS REFORMAS A LA LEY DE LA INDUSTRIA ELÉCTRICA DE 2021

Antes de abordar la decisión de la Suprema Corte de Justicia de la Nación respecto a la constitucionalidad de la Ley de la Industria Eléctrica[116], debo señalar que las reformas a esa Ley de 2021, no constituyen por las razones que expusimos en el epígrafe anterior una transgresión al capítulo 11 del TLCAN ni al capítulo 14 del T-MEC. Las modificaciones secundarias a la Ley de la Industria Eléctrica de 2021 no implican por sí mismas expropiación directa o indirecta a los inversionistas. Tampoco hay afectación alguna a derechos adquiridos de los inversionistas en el sentido de lo entendido por esos tratados, según lo expusimos con antelación. Igualmente, no se vulneraron los principios de trato nacional, trato de nación más favorecida y nivel mínimo de trato. No existe hasta este momento una afectación económica, directa o indirecta, a las inversiones en

---

115 Además, se debe alertar sobre la visión estrecha de los que proponen la "descarbonización" y no toman en cuenta los proyectos que desde los "*green new deals*" buscan la sustracción extractiva del litio, cobre, madera balsa y el hidrogeno.

116 Decisión de 7 de abril de 2022 dictada en el expediente que contiene la acción de inconstitucionalidad 64/2021, promovida por la minoría parlamentaria del Senado de la República en contra de los artículos el 3, fracción V;3, fracción XII, 3, fracción XII bis; 3, fracción XIV; 4, fracción I; 4, fracción VI; 12, fracción I, 26, 35, 53, 108, fracción V; 108, fracción VI; 126, fracción II; cuarto transitorio; y, quinto transitorio, reformados el 9 de marzo de 2021.

los términos del T-MEC o del TLCAN. Ni se han tomado por parte del Estado mexicano medidas de forma discriminatoria en contra de las inversiones en este rubro.

En cuanto a la constitucionalidad de las reformas de 9 de marzo de 2021 a la Ley de la Industria Eléctrica, indico que durante 1983 se determinaron constitucionalmente en el artículo 28 párrafo cuarto de la Ley Fundamental, áreas estratégicas y prioritarias de la economía que convivirían con el libre mercado y sus principios. El entendimiento de las áreas estratégicas y prioritarias hasta diciembre de 2013, es que se trataba, en el caso de las estratégicas, de ámbitos de la economía que sólo podías ser desarrollados por el Estado, y en tratándose de prioritarias se permitía la intervención de privados, pero no en condiciones de libre competencia. Es decir, el modelo económico constitucional de México no es de economía de mercado pura sino de economía mixta.

A la luz de la reforma de 1983 a la Constitución, resulta fundamental entender la diferencia entre área estratégica y prioritaria. Un área estratégica, según el párrafo cuarto del artículo 28 de la Constitución, comporta que el Estado tiene sobre ella exclusividad en su funcionamiento, operación y explotación; en cambio, un área prioritaria faculta al Estado para otorgar concesiones o permisos sobre su funcionamiento, operación y explotación. Lo anterior quería decir que sobre un área estratégica no cabían las concesiones ni los permisos, que las actividades que constituían las áreas estratégicas no implicaban monopolios, y que el sector público tenía a su cargo, de manera exclusiva, las áreas estratégicas; que el gobierno federal debe mantener la propiedad y el control de los organismos que se establecieran para atender las áreas estratégicas; y, que las áreas estratégicas entrañaban una posición de privilegio para el Estado que no podía ser compartida con el sector privado.

Como sabemos, la reforma energética de diciembre de 2013, trastocó en buena medida la semántica del capítulo económico de la Constitución -artículos 25, 26, 27 y 28 de la Ley Fundamental-. Hoy en día se mantienen en el artículo 28 de la Constitución las áreas estratégicas y prioritarias con un alcance más reducido. En materia eléctrica la norma vigente precisa que son parte de las áreas estratégicas la planeación y el control del sistema eléctrico nacional, así como el servicio público de transmisión y distribución de energía eléctrica. Es decir, el Estado aún conserva prevalencia sobre los privados en materia de energía eléctrica. No estamos en este ámbito en la esfera de una economía de mercado pura, sino de economía mixta, en donde se debería salvaguardar el interés general por encima de los intereses particulares.

Por eso, cualquier reforma a la Ley de la Industria Eléctrica o al análisis de su constitucionalidad, debe entenderse desde una concepción que dé cuenta de los ámbitos estratégicos, prioritarios, y de libre mercado. ¿Cuál es el significado actual de la Constitución en materia de energía eléctrica? Para algunos, el marco constitucional está, abierto a nuevos significados, entre ellos la privatización o liberalización de sectores económicos en manos del Estado. En la reflexión anterior, está, sin lugar a dudas, planteamientos de autores como Zagrebelsky o Häberle. El primero, cuando dice: "…La coexistencia de valores y principios, sobre los que hoy debe basarse necesariamente una Constitución para no renunciar a sus cometidos de unidad e integración y al mismo tiempo no hacerse incompatible con una base material pluralista, exige que cada uno de tales valores y principios se asuma con carácter no absoluto, compatible con aquellos otros con los que se debe convivir…"[117]. O Häberle cuando manifiesta que: "…se requieren instrumentos y procedimientos gracias a los cuales la Constitución se adapte en forma flexible, como proceso público, a los acontecimientos de

---

117 Zagrebelsky, Gustavo, *El derecho dúctil. Ley, derechos, justicia*, Madrid, Trotta, 1995, p. 14.

la época, sin detrimento de su sentido: a saber, como estímulo y límite, en los términos de R. Smend, también como norma y tarea, lo mismo que como limitación y racionalización del poder del Estado, pero también del poder de la sociedad... "[118]. Así el Estado constitucional de nuestro tiempo puede ser caracterizado como democracia pluralista o sociedad abierta.

La Constitución, desde luego, contiene principios y valores que no son absolutos y que deben convivir entre sí, por ejemplo, derechos que promueven la libertad individual y derechos que garantizan la igualdad. También es cierto que muchas de las normas constitucionales constituyen un marco para la actuación de los órganos de autoridad y para la toma de decisiones. Sin embargo, como dice Maurizio Fioravanti, la Constitución no renuncia a dotar de significado y de grandes objetivos de fondo a la concreta vía de las democracias contemporáneas. La Constitución no pierde del todo su carácter directivo fundamental para el futuro, "...y no por esto se reduce a mera obra de registro del resultado del libre desarrollo de la negociación entre las fuerzas políticas y entre los intereses sociales. No por casualidad estas mismas constituciones democráticas, aunque de distinta manera y en distinta medida, asumen el principio de igualdad como central, no sólo en clave de prohibición de la discriminación entre aquellos que las mismas constituciones consideran iguales sino también como indicador normativo de dirección para el futuro, para la promoción y la realización de condiciones de creciente igualdad entre los ciudadanos en el acceso a algunos bienes sociales tenidos como de primera magnitud, como el trabajo o la instrucción"[119].

En este sentido, las constituciones representan principios pluralistas, en donde ninguno de ellos es absoluto, son un marco

---

118 Häberle, Peter, *El Estado Constitucional*, México, UNAM, 2001, p. 3.

119 Fioravanti, Maurizio, *Constitución. De la antigüedad a nuestros días*, Madrid, Trotta, 2001, p. 163.

para la toma de decisiones y, también contienen las bases, principios y decisiones que deben orientar las actuaciones de las autoridades, incluyendo al legislador y al juez constitucional. Como señala Pier Paolo Portinaro, el modelo liberal clásico de Constitución tenía sus cimientos en la garantía de los derechos fundamentales y en la división de poderes: "...constitución significaba reparto del poder, atribución de competencias, separación entre esfera pública y privada, pero ausencia de catálogo de obligaciones o programa de acción. En cambio, directivas, determinación de fines estatales, expectativas constitucionales se han convertido en características salientes del actual ordenamiento constitucional. Las mismas hacen valer un "momento educativo y/o apelatorio" que no es compatible con el esquema tradicional de derechos y deberes jurídicos subjetivos"[120].

De esta suerte, en la Constitución mexicana existen, además de derechos fundamentales y normas sobre la organización político-constitucional del Estado, normas sobre los fines del mismo y, principios explícitos e implícitos que imponen límites materiales al ejercicio del poder público. La Constitución, no es sólo una suma reglas formales y neutras que constituyan un marco para la toma de decisiones, sino también de principios materiales que entrañan, como se dijo, límites al poder público, pero también deberes al propio poder. En la Constitución mexicana de 1917 existen principios y normas de diversa naturaleza que son el producto de la voluntad del poder constituyente y, que éste incorporó en el texto constitucional a consecuencia de la circunstancia histórica de nuestro Estado. Éste, no es y no ha sido, para nuestra desgracia, un Estado, en la terminología de Wallerstein fuerte, sino un Estado periférico, débil, en donde la reivindicación de la nacionalización de los recursos energéticos, constituye un elemento fundamental,

---

[120] Portinaro, Pier Paolo, *Estado. Léxico de política*, Buenos Aires, ediciones Nueva Visión, 2003, pp. 149-150.

de supervivencia nacional y de soberanía. Por ello, no se puede dejar a las clases dirigentes privatizar esos recursos o procesos, porque nuestra economía quedaría supeditada a las directrices de los Estados hegemónicos o, peor aún subordinada a los intereses de organismos financieros y empresas supranacionales[121]. Para evitar una economía hetero directa y para garantizar la identidad del Estado mexicano, fue preciso que los recursos energéticos se elevaran a la categoría de estratégicos.

El estudio del pronunciamiento del Pleno de la Suprema Corte de Justicia de la Nación sobre la constitucionalidad de los preceptos de las reformas de la Ley de la Industria Eléctrica impugnados mediante acción de inconstitucionalidad es de particular interés desde la perspectiva del modelo económico que determina la Constitución, y desde las ausencias de análisis del Pleno de la Suprema Corte de Justicia de la Nación a ese respecto[122]. En principio, debemos hacer notar

---

121 Wallerstein, Immanuel, *Il sistema mondiale dell´economia moderna*, Bolonia, Il Mulino, vol. 1, 1978, p. 476. Ver también: Chomsky, Noam, *Estados fallidos. El abuso de poder y el ataque a la democracia*, traducción de Gabriel Dols, Barcelona, Ediciones B, 2007, y Rotberg, Robert I., Clapham, Christopher y Herbst, Jeffrey, *Los Estados fallidos o fracasados: un debate inconcluso y sospechoso*, Bogotá, Siglo del Hombre Editores, Universidad de los Andes y, Pontificia Universidad Javeriana, 2007.

122 Desde tiempo atrás la Suprema Corte de Justicia de la Nación se ha pronunciado sobre cuestiones relacionadas con la energía eléctrica. Por ejemplo, respecto a la controversia constitucional que demandó la invalidez del Decreto por el que se reformaron y adicionaron diversas disposiciones del Reglamento de la Ley del Servicio Público de Energía Eléctrica, publicado en el Diario Oficial de la Federación el 24 de mayo 2001. Ver: Rocha Díaz, Salvador (coordinador), *Comisión de Puntos Constitucionales de la H. Cámara de Diputados LVIII Legislatura, Controversia en materia eléctrica*, dos volúmenes, México, Porrúa, 2004.

la postura diferenciada de las y los ministros sobre cada uno de los artículos de la reforma de 9 de marzo de 2021 impugnados.

Si analizamos precepto por precepto, nos percatamos de lo que aquí se señala. Los artículos impugnados fueron: el 3, fracción V;3, fracción XII, 3, fracción XII bis; 3, fracción XIV; 4, fracción I; 4, fracción VI; 12, fracción I, 26, 35, 53, 108, fracción V; 108, fracción VI; 126, fracción II; cuarto transitorio; y, quinto transitorio.

El artículo 3, fracción V indica que se entiende por Central Eléctrica Legada a la Central Eléctrica que no se incluye en un permiso para generar energía eléctrica bajo la modalidad de autoabastecimiento, cogeneración, pequeña producción, producción independiente o usos propios continuos y que es propiedad de los organismos, entidades o empresas del Estado, y cuya construcción y entrega se realiza con independencia de su modalidad de financiamiento.

La norma citada anteriormente fue declarada constitucional por 6 votos de las y los ministros del Pleno de la SCJN. En relación al precepto anterior de 2014, se redefinió el significado de Central Eléctrica Legada, lo que permite que ahora las generadoras de la CFE y no sólo las privadas, califiquen como centrales eléctricas legadas sin que importe para ello la modalidad del financiamiento empleado para la construcción y entrega.

El artículo 3, fracción XII, precisa que los contratos de cobertura eléctrica son acuerdos entre participantes del mercado eléctrico mediante los cuales se obligan a la compraventa de energía eléctrica o productos asociados en una hora o fecha futura y determinada, o a la realización de pagos basados en los precios de los mismos. Exclusivamente los suministradores de servicios básicos (la empresa productiva de CFE que se dedica a ello) podrá celebrar contratos de cobertura eléctrica con compromiso de entrega física.

Esta norma fue declarada constitucional por 6 votos de los ministros del Pleno de la SCJN, y determina que los contratos de cobertura eléctrica solamente pueden ser celebrados por suministradores de servicios básicos, esto es CFE, que son permisionarios que ofrecen el suministro básico a los usuarios y representa en el mercado eléctrico mayorista a los generadores exentos -sin permisos- que lo soliciten. La constitucionalidad del precepto entraña la consolidación de la Empresa Productiva de Suministro Básico de la CFE. Para dar idea de la trascendencia de CFE Suministrador de Servicios Básicos debe señalarse que atiende a aproximadamente 46 millones de consumidores o usuarios.

En cuanto al artículo 3, fracción XII bis reformado en 2021, éste dispone que los contratos de cobertura eléctrica con compromiso de entrega física son acuerdos entre un suministrador de servicios básicos -CFE Suministro Básico- y un generador mediante el cual se obligan a la compraventa de energía eléctrica o productos asociados en una hora o fecha futura y determinada, con el compromiso de realizar la entrega física de la energía, servicios conexos o potencia establecidos, y para lo cual el generador presentará al CENACE (Centro Nacional de Control de Energía) los programas de generación de las centrales eléctricas que formen parte del contrato mediante ofertas de programa fijo en el mercado eléctrico mayorista, conforme a las reglas del mercado.

La norma citada anteriormente fue declarada constitucional por 6 votos del Pleno de la SCJN. Es trascendente porque se reitera la exclusividad de la CFE Suministro Básico respecto a la celebración de estos contratos con privados. Con ello se privilegia el despacho de la energía amparada por los contratos en cuestión, y otorga a la CFE Suministro Básico un papel estratégico y preponderante en la materia de contratos de cobertura eléctrica con compromiso de entrega física.

El artículo 3, fracción XIV se refiere al contrato legado para el suministro básico que es el acuerdo que los suministradores de servicios básicos tienen la opción de celebrar, con precios basados en los costos y contratos respectivos, que abarcan la energía eléctrica y productos asociados de las centrales eléctricas legadas y las centrales externas legadas, con compromiso de entrega física. Esta norma fue declarada constitucional por 6 votos de los ministros del Pleno. Como en los casos previos se reconoce el papel de la CFE en la celebración de este tipo de contratos.

Otro de los preceptos motivo de impugnación fue el artículo 4, fracción I de la Ley de la Industria Eléctrica. La disposición indica que el suministro eléctrico es un servicio de interés público. La generación y comercialización de energía eléctrica son servicios que se prestan en un régimen de libre competencia. Las actividades de generación, transmisión, distribución, comercialización y el Control Operativo del Sistema Eléctrico Nacional son de utilidad pública y se sujetarán a obligaciones de servicio público y universal en términos de esta Ley y de las disposiciones aplicables, a fin de lograr el cabal cumplimiento de los objetivos establecidos en este ordenamiento legal. Son consideradas obligaciones de servicio público y universal las siguientes el otorgamiento de acceso abierto a la Red Nacional de Transmisión y las Redes Generales de Distribución en términos no indebidamente discriminatorios, cuando sea técnicamente factible.

La trascendencia del precepto, que fue declarado constitucional por 8 votos de las y los ministros del Pleno, radica en el hecho de que el acceso a la red eléctrica no se realizará libremente por parte de los generadores, sino que estará sujeto a parámetros de factibilidad técnica. Se pretende resolver de esta manera el desorden existente, en donde los generadores privados accedían a la red de distribución de energía eléctrica discrecionalmente.

El Pleno de la SCJN resolvió también sobre la constitucionalidad del artículo 4, fracción VI, mismo que dispone que es considerada obligación de servicio público y universal el ofrecer energía eléctrica, potencia y servicios conexos al mercado eléctrico mayorista basado en los costos de producción unitarios conforme a las reglas del mercado, garantizando, en primera instancia, los contratos de cobertura eléctrica con compromiso de entrega física y, en segundo término, el suministro de energías limpias, entregando dichos productos al sistema eléctrico nacional cuando sea técnicamente factible, sujeto a las instrucciones del CENACE (Centro Nacional de Control de Energía).

En la decisión del Pleno de la SCJN que fue por 6 votos a favor de la invalidez del artículo -no se alcanzaron los ocho para declarar la inconstitucionalidad del precepto-, se estimó por la mayoría de los ministros -seis- que no debía darse derecho preferente a las centrales de generación de la CFE en el despacho. Lo anterior significa a futuro que, en las resoluciones de amparo, los tribunales podrán conceder el amparo en beneficio de los quejosos y no de la Comisión Federal de Electricidad, aunque también se podría sostener por los tribunales de amparo, el argumento que con toda probabilidad esgrimirá la CFE, acerca de que la norma en cuestión goza de presunción de constitucionalidad.

El artículo 12, fracción I, fue declarado constitucional por la totalidad de los ministros del Pleno de la SCJN. La norma señala que la Comisión Reguladora de Energía está facultada para otorgar los permisos a que se refiere esta Ley, considerando los criterios de planeación del sistema eléctrico nacional establecidos por la Secretaría de Energía, y resolver sobre su modificación, revocación, cesión, prórroga o terminación.

Este precepto es de indudable importancia porque constituye un instrumento contra la anarquía y la posible división o balcanización del sistema eléctrico en distintos sistemas.

Se reconoce que la red eléctrica forma parte de un sistema eléctrico nacional y su diseño y planeación corresponde a la Secretaría de Energía. La Comisión Reguladora de Energía al otorgar permisos a los privados debe tomar en cuenta el carácter nacional del sistema eléctrico y los criterios emitidos por la Secretaría de Energía.

El artículo 26 de la Ley de la Industria Eléctrica que fue impugnado en su constitucionalidad se refiere a las competencias del CENACE (Centro Nacional de Control de Energía). La norma dice que los transportistas y los distribuidores son responsables de la Red Nacional de Transmisión y las Redes Generales de Distribución y operarán sus redes conforme a las instrucciones del CENACE, quien considerará la prioridad en el uso de estas redes para el despacho de las Centrales Eléctricas Legadas y las Centrales Externas Legadas con compromiso de entrega física. Para el mantenimiento de la Red Nacional de Transmisión y de los elementos de las Redes Generales de Distribución que correspondan al Mercado Eléctrico Mayorista, los Transportistas y los Distribuidores se sujetarán a la coordinación y a las instrucciones del CENACE.

Seis ministros del Pleno de la SCJN votaron por la invalidez del precepto. La disposición tiene por objeto destacar el papel de la CFE sobre las empresas privadas en el despacho de la energía eléctrica. La norma no fue declarada inconstitucional, pero es probable que los privados ganen los juicios amparos a este respecto porque una mayoría de seis ministros estuvo a favor de la expulsión de la norma en cuestión del sistema jurídico.

Por diez votos de los ministros del Pleno de la SCJN se declaró constitucional el artículo 35 de la Ley de Industria Eléctrica que establece que cuando las obras, ampliaciones o modificaciones necesarias para la interconexión o conexión no se incluyan en los programas de ampliación y modernización de la Red Nacional de Transmisión y las Redes Generales de Distribución, los Generadores, Generadores Exentos, Usuarios Finales y/o los solicitantes para la interconexión de las Centrales Eléctricas y la conexión de los Centros de Carga podrán optar por agruparse para realizarlas a su costa o hacer aportaciones a los Transportistas o a los Distribuidores para su realización y beneficiarse de las mismas, bajo los términos, condiciones y metodologías de cálculo que se establezcan en los Reglamentos, o bien, que fije la CRE mediante disposiciones administrativas de carácter general.

La norma antes citada da opción de agrupamiento a los solicitantes para la interconexión o conexión en la red. Es un precepto que beneficia a las empresas privadas, que pueden realizar esos agrupamientos para maximizar sus beneficios, aunque también es verdad que se trata de un mecanismo que pretende que el sistema eléctrico nacional esté debidamente integrado.

Respecto del artículo 53, el Pleno de la Suprema Corte de Justicia de la Nación, determinó por seis votos, que el precepto debía ser declarado inválido, sin embargo, al no reunirse los ocho votos, no se declaró la inconstitucionalidad del precepto. La norma señala que los suministradores de servicios básicos podrán celebrar contratos de cobertura eléctrica a través de subastas que llevará a cabo el CENACE. Los términos para llevar a cabo dichas subastas y asignar los contratos de cobertura eléctrica respectivos se dispondrán en las reglas del mercado.

El fin de la reforma de 9 de marzo de 2021 consistió en cuanto a esta norma en eliminar la obligación de los suministradores de servicios básicos de llevar a cabo subastas para celebrar contratos de cobertura eléctrica. De un deber jurídico previsto en 2014, la reforma previó una potestad y utilizó la disposición el verbo "podrá". Se quería que la CFE no tuviera que realizar en todos los casos subastas. Es probable, por la situación constitucional en la que quedó el precepto, que los privados ganen los juicios amparos a este respecto porque una mayoría de seis ministros estuvo a favor de la expulsión de la norma en cuestión del sistema jurídico.

Muy importante fue la declaración de constitucionalidad del artículo 108, fracción V de la Ley de la Industria Eléctrica. El precepto fue declarado constitucional por 9 votos del Pleno de la Suprema Corte de Justicia de la Nación, y se refiere a las competencias del Centro Nacional de Control de Energía (CENACE). La norma señala en la parte conducente lo siguiente:

"El CENACE está facultado para: Determinar la asignación y el despacho de las Centrales Eléctricas, de la Demanda Controlable y de los programas de importación y exportación, a fin de satisfacer la demanda de energía eléctrica en el Sistema Eléctrico Nacional, y mantener la Seguridad de Despacho, Confiabilidad, Calidad y Continuidad del Sistema Eléctrico Nacional."

La norma tiene por fin mantener la seguridad del despacho de la energía eléctrica, la confiabilidad, calidad y continuidad del sistema eléctrico nacional. La competencia de la CENACE le faculta para aprobar parámetros respecto a la seguridad, confiabilidad, calidad y continuidad del sistema eléctrico nacional, los que se colocan por encima del principio de libre competencia.

El artículo 108 fracción VI, que se refiere a las facultades de la CENACE que consisten en recibir los programas de generación de consumo asociado a los contratos de cobertura con compromisos de entrega física, y que fortalecen el rol de la CENACE, fue estimado inválido por 6 votos de los ministros del Pleno de la Suprema Corte de Justicia de la Nación. No se declaró inconstitucional al no reunirse los ocho votos preceptivos, sin embargo, la norma podrá impugnarse por vía de los juicios de amparo.

La disposición en cuestión -artículo 108 fracción VI- además de otorgar a la CENACE más poder, persigue subordinar a las empresas privadas a fines de interés público que buscan garantizar el buen funcionamiento del sistema eléctrico nacional. El mercado debe tener una posición no prevalente sobre el interés general. No obstante, los seis ministros del Pleno no lo consideraron así.

El precepto que estuvo a punto de ser declarado inconstitucional fue el artículo 126 fracción II de la Ley de la Industria Eléctrica. Siete ministros del Pleno votaron por la invalidez. La norma indica que, para efectos de las obligaciones de certificados de energías limpias, la Secretaría de Energía establecerá los criterios para su otorgamiento en favor de los generadores y generadores exentos que produzcan energía eléctrica a partir de energías limpias. La disposición señala que el otorgamiento de los certificados de energías limpias a centrales eléctricas, no dependerá ni de la propiedad, ni de la fecha de inicio de operación comercial de las mismas.

El propósito de la norma es que los certificados de energías limpias también sean otorgados a las centrales de energía de la CFE que produzcan energías limpias. Es decir, el derecho de acceso a los certificados de energías limpias, no debe ser exclusivo para las empresas privadas sino también a las centrales de la Comisión Federal de Electricidad que las generen.

Los últimos artículos impugnados fueron los artículos cuarto y quinto transitorio que buscan combatir la corrupción existente en los permisos de auto abasto obtenidos en fraude a la ley -artículo 4 transitorio declarado constitucional por 6 votos del Pleno-, y de la revisión de la legalidad y rentabilidad de los contratos de producción independiente -artículo 5 transitorio declarado constitucional por 9 votos del Pleno-. La importancia de esos preceptos está fuera de duda porque desde el actual gobierno se ha insistido en la corrupción que hubo al aprobarse e instrumentarse la reforma energética de

2013 y 2014[123]. También son relevantes estas normas porque están en consonancia con el capítulo 27 del T-MEC, pues ese tratado de libre comercio e inversión sanciona la corrupción.

El análisis anterior ha puesto de relevancia, desde mi punto de vista, que la Suprema Corte de Justicia de la Nación, no analizó la impugnación constitucional a las reformas de 9 de marzo de 2021 a la Ley de la Industria Eléctrica desde el modelo constitucional económico que está previsto en nuestra Constitución, que como he señalado no es exclusivamente de economía de mercado sino de economía mixta. Tampoco advirtió la gran pluralidad de normas que contiene la Constitución mexicana de 1917, lo que le hubiese posibilitado conciliar los derechos económicos de los inversionistas nacionales y extranjeros en el sector eléctrico con las responsabilidades del Estado mexicano para proteger y salvaguardar el derecho de acceso al derecho a la energía eléctrica de millones de personas.

---

[123] Los artículos cuarto y quinto transitorio de la Ley de la Industria Eléctrica señalan: "**Cuarto transitorio.** Los permisos de autoabastecimiento, con sus modificaciones respectivas, otorgados o tramitados al amparo de la Ley del Servicio Público de Energía Eléctrica, que continúen surtiendo sus efectos jurídicos, obtenidos en fraude a la ley, deberán ser revocados por la Comisión Reguladora de Energía mediante el procedimiento administrativo correspondiente. En su caso, los permisionarios podrán tramitar un permiso de generación, conforme a lo previsto en la Ley de la Industria Eléctrica; y, **Quinto transitorio.** Los Contratos de Compromiso de Capacidad de Generación de Energía Eléctrica y Compraventa de Energía Eléctrica suscritos con productores independientes de energía al amparo de la Ley del Servicio Público de Energía Eléctrica, deberán ser revisados a fin de garantizar su legalidad y el cumplimiento del requisito de rentabilidad para el Gobierno Federal establecido en los artículos 74, fracción IV, de la Constitución Política de los Estados Unidos Mexicanos, 32 de la Ley Federal de Presupuesto y Responsabilidad Hacendaria y 18 de la Ley Federal de Deuda Pública. En su caso, dichos contratos deberán ser renegociados o terminados en forma anticipada".

La Suprema Corte de Justicia de la Nación no tomó en cuenta el contexto. Desde la reforma constitucional energética de 2013 y legal de 2014 en materia de energía, la sociedad mexicana ha sido engañada. Se le dijo, por ejemplo, que una de las consecuencias de la reforma sería la reducción del precio de la electricidad. Hasta la fecha no hay reducción de precios. Por otra parte, en el concierto mundial, cuando se realizan estos procesos de liberalización o privatización de la energía, la consecuencia es el aumento de las tarifas en electricidad, y no su reducción.

Las principales dudas que produjo la reforma constitucional energética de 2013 no fueron ni han sido esclarecidas a la sociedad[124]. La sociedad mexicana no tiene respuestas sobre las consecuencias medioambientales y en la salud humana de la reforma. Desconfía en torno a si los nuevos órganos reguladores del sector tendrán la capacidad para enfrentar el poder de las grandes empresas eléctricas mundiales que son capaces de desestabilizar gobiernos en el mundo entero. Gran parte de la sociedad piensa que se incrementó la corrupción en el sector energético debido, debido no sólo al papel de los sindicatos, sino a los contratos millonarios que celebra el gobierno con las empresas energéticas mundiales. La sociedad no tiene claridad en torno a si los supuestos beneficios de la reforma se destinarán al desarrollo nacional y no al gasto corriente de los tres niveles de gobierno. Y, en general, seguimos sin saber por qué teníamos que compartir recursos e instalaciones con empresas privadas de carácter trasnacional[125].

---

124 Cárdenas Gracia, Jaime, *Crítica a la reforma constitucional energética de 2013*, México, IIJ-UNAM, 2014.

125 Cuarón, Alfonso, "10 preguntas del ciudadano Alfonso Cuarón al Presidente Enrique Peña Nieto", *La Jornada*, 28 de abril de 2014, página 9.

Tal vez, el principal problema conceptual de la Suprema Corte de Justicia de la Nación, fue entender a la electricidad como "commoditie", es decir, insumo que es parte de una cadena productiva y, que su explotación, sirve para maximizar la riqueza, en este caso privada y foránea y, no entender que el acceso a la electricidad constituye un auténtico derecho fundamental. En las visiones contra hegemónicas de los derechos fundamentales se asume que hay cosas –los recursos básicos y/o naturales- que no pueden estar en el comercio y no pueden ser parte de las leyes del mercado. Se concibe que esos recursos son susceptibles de estar disponibles para todos, que deben ser accesibles a las personas para que éstas logren su desarrollo y se les permita su dignificación[126]. Si entendiéramos el acceso a la energía eléctrica de esa manera, seguramente, sería impensable privatizarla para que unos cuantos maximicen sus beneficios.

IV. PROPUESTAS PARA COMPATIBILIZAR LA FIRMA DE TRATADOS DE LIBRE COMERCIO E INVERSIÓN CON LOS PRINCIPIOS DE NUESTRA CONSTITUCIÓN

Son muchas las medidas para evitar que los tratados de libre comercio e inversión tengan efectos dañinos, sobre todo, respecto a la preservación de los derechos fundamentales y de la soberanía, entendida ésta como poder regulatorio del Estado. Aquí voy a mencionar diez, que explicaré brevemente. Éstas son: 1) Los negociadores de un tratado de libre comercio deben tomar en cuenta el modelo económico de sus respectivas Constituciones; 2) Es preciso tener claridad de la jerarquía de los tratados de libre comercio en el orden

---

126 Santos, Boaventura de Sousa, *Si Dios fuese un activista de los derechos humanos,* Madrid, editorial Trotta, 2014, pp. 13-24.

jurídico interno; 3) Los principios de los tratados de libre comercio deben ser ponderados con los principios del ordenamiento jurídico interno -su bloque de constitucionalidad y convencionalidad-; 4) Se deben firmar estos tratados con prudencia para no vulnerar la soberanía del Estado; 5) Se debe tomar en cuenta el contexto neoliberal que prevalece *vis a vis* la idea de Estado Constitucional Democrático de Derecho que debe orientar al Estado democrático de nuestra época; 6) En el caso de la energía eléctrica defender que el acceso a ella es un derecho fundamental, y no una simple "*commoditie*"; 7) En la negociación de tratados de libre comercio no se pueden hacer a un lado los derechos colectivos de los pueblos originarios; 8) Por la jerarquía jurídica de los tratados y porque pueden tener un impacto en la soberanía se debe proponer una reforma al artículo 76, fracción I de la Constitución; 9) Los tratados de libre comercio deben ser aprobados mediante referéndum; y, 10) Los tratados de libre comercio e inversiones no deben diluir o vaciar de contenido los principios constitucionales y convencionales relacionados con los derechos fundamentales.

Respecto a la primera medida, en México, los negociadores de los tratados de libre comercio, y las autoridades competentes para aprobarlos, no han tomado en cuenta, con la debida suficiencia, que el modelo económico constitucional de la Carta Magna no es el libre mercado puro sino la economía mixta, en donde el Estado mexicano a través de su gobierno tiene prevalencia en el despliegue de las áreas estratégicas y prioritarias en relación con los inversionistas privados. Estas circunstancias deben señalarse durante las negociaciones con los Estados extranjeros y explícitamente en el texto de los tratados para que no haya duda alguna en esta materia.

Sobre la segunda medida, es preciso aclarar durante las negociaciones y en la aprobación, que los tratados de libre comercio e inversión no tienen conforme al orden jurídico interno jerarquía similar o superior a la de la Constitución, sino una jerarquía inferior, y que, por tanto, no pueden estar en contradicción con el orden constitucional mexicano. Al igual que en el caso anterior, estas normas deben quedar plasmadas textual y explícitamente en los respectivos tratados.

Las normas jurídicas de los tratados de libre comercio e inversión deben ponderarse en relación con las otras normas del ordenamiento jurídico mexicano cuando éstas sean de la misma jerarquía que las reglas y principios de los tratados. El Estado mexicano al negociar estos tratados, así debe señalarlo e informarlo a los negociadores de las otras naciones, y debe plasmarlo en el texto del tratado.

La aprobación de los tratados de libre comercio e inversión debe realizarse con prudencia, después de vastas, amplias y profundas deliberaciones al interior de los gobiernos y de las sociedades. Se trata de normas que se negocian en condiciones asimétricas en donde el Estado mexicano suele ser la parte más débil. El apresuramiento en la firma y aprobación de los tratados de libre comercio ha sido causa de muchos problemas que comprometen la soberanía de nuestro país.

En la aprobación de los tratados de libre comercio e inversión no se deben asumir acríticamente los parámetros del Estado neoliberal como ya dados. No debe perderse de vista que aspiramos a vivir en un Estado Constitucional y Democrático de Derecho, con todo lo que ello comporta para la satisfacción y garantía de los derechos fundamentales, tanto individuales como colectivos. Tampoco debe olvidarse que aspiramos a la construcción de un Estado constitucional mundial.

El acceso a los recursos naturales y a la energía eléctrica no deben entenderse como "commodities". Son bienes que pertenecen a todos, y su satisfacción queda comprendida dentro del marco de los derechos fundamentales. No deben ser bienes susceptibles de especulación financiera y no pueden estar regidos preponderantemente por las leyes del mercado. Su tratamiento jurídico debe realizarse desde la perspectiva de los derechos, los principios democráticos, y del modelo económico que está determinado en las Constituciones.

Los derechos fundamentales de los pueblos originarios deben ser preservados. En los tratados de libre comercio y de inversión, se debe advertir que la población más susceptible de ser afectada por la firma y ejecución de los tratados es la de la población originaria. Por tanto, los tratados de libre comercio e inversión deben someterse a los procedimientos de consulta previa, libre, informada, de buena fe, y culturalmente adecuada.

Por la jerarquía de los tratados de libre comercio y de inversión, y por la posibilidad que de ellos se deriva, la que puede comprometer la soberanía, es necesario que se reforme el artículo 76 fracción I de la Constitución. Estos tratados deberían al menos ser aprobados por un procedimiento similar al de las reformas constitucionales previsto en el artículo 135 de nuestra Constitución.

De preferencia, cuando se trata de tratados de libre comercio e inversión celebrados con potencias hegemónicas, los acuerdos internacionales deben ser sometidos a la aprobación de la sociedad mediante instrumentos como el referéndum. Está en juego la soberanía del Estado y los derechos fundamentales de las personas.

Finalmente, los tratados de libre comercio e inversión, no deben diluir o vaciar de contenido los principios constitucionales y convencionales relacionados con los derechos fundamentales. El comercio y la inversión deben entenderse desde la tesitura de los derechos humanos y de los principios democráticos para que gocen de legitimidad.

V. CONCLUSIONES

Los Estados al celebrar tratados de libre comercio e inversión deben cuidar que los compromisos pactados no impliquen la disminución de su capacidad regulatoria respecto al modelo económico que establece la Constitución, los derechos fundamentales de las personas, y los principios democráticos.

Nuestra Constitución contempla un modelo económico que no es de libre mercado puro. En los artículos 25, 25, 27 y 28 de la Carta Magna existen principios que expresan que el modelo económico de nuestra Ley Fundamental es el de economía mixta, tales como rectoría económica del Estado, modelo económico que debe salvaguardar la soberanía de la nación, la concurrencia de distintos sectores en el desarrollo nacional (público, social y privado), áreas estratégicas y prioritarias, existencia de empresas productivas del Estado, planeación democrática, propiedad originaria de la nación, propiedad de la nación sobre los recursos naturales, entre otros.

El modelo de economía mixta debe estar reconocido expresamente por las partes cuando se firman tratados de libre y comercio e inversión. El Estado mexicano está obligado a aclarar y explicitar en ellos el modelo económico de su Constitución y la jerarquía de los tratados de libre comercio e inversión como ordenamientos jurídicos de menor rango a la Carta Magna.

Se requiere una reforma al artículo 76, fracción I de la Constitución para que los tratados de libre comercio e inversión sean aprobados por el pueblo mediante referéndum. Se trata de acuerdos internacionales acordados asimétricamente, y susceptibles de poner en riesgo la soberanía del Estado, de menoscabar los derechos fundamentales de las personas y, los principios democráticos.

Los tratados de libre comercio e inversión no pueden negociarse y aprobarse apresuradamente y en la opacidad. Su aprobación exige una amplia deliberación institucional y social para determinar para la nación las ventajas y desventajas de cada tratado. Se debe entender que los tratados de libre comercio e inversión no pueden situarse por encima de los derechos fundamentales ni de la Constitución.

La reforma a la Ley de la Industria Eléctrica de 9 de marzo de 2021 no es por sí misma contraria al texto del T-MEC. Las citadas modificaciones legales no implican expropiación directa o indirecta a los inversionistas en los términos del T-MEC. Tampoco hay afectación alguna a derechos adquiridos de los inversionistas en el sentido del tratado. Igualmente, no se vulneraron los principios de trato nacional, trato de nación más favorecida y nivel mínimo de trato. No existe hasta este momento una afectación económica, directa o indirecta, a las inversiones en los términos del T-MEC o del TLCAN. Ni se han tomado por parte del Estado mexicano medidas de forma discriminatoria en contra de las inversiones en este rubro.

Tal como describimos en el ensayo, el Pleno de la Suprema Corte de Justicia de la Nación no determinó la inconstitucionalidad de ninguno de los preceptos de la Ley de la Industria Eléctrica reformada el 9 de marzo de 2021. Algunos preceptos modificados de la Ley de la Industria Eléctrica podrán ser analizados en su constitucionalidad por el Poder Judicial de la Federación cuando se promuevan juicios de amparo.

FUENTES DE INFORMACIÓN REFERIDA

BODIN, J., *Los seis libros de la República,* Tecnos, Madrid, 1997.

PÉREZ ROCHA, M., ¿Equidad en las Américas?, *La Jornada,* México, 2022.

CÁRDENAS GRACIA, J., *Crítica a la reforma constitucional energética de 2013,* IIJ-UNAM, México, 2014.

CHOMSKY, N., *Estados fallidos. El abuso de poder y el ataque a la democracia,* traducción de Gabriel Dols Ediciones B, Barcelona, , 2007

CRUZ BARNEY, Ó., REYES DÍAZ, C., H., *El T-MEC/USMCA: solución de controversias, remedios comerciales e inversiones.*, UNAM, México, 2020.

CUARÓN, A., «10 preguntas del ciudadano Alfonso Cuarón al Presidente Enrique Peña Nieto» [en línea] (2014) <https://www.jornada.com.mx/2014/04/28/politica/009n1pol> [consulta: 05/01/23]

FIORAVANTI, M., *Constitución. De la antigüedad a nuestros días,* Trotta, Madrid, 2001.

HÄBERLE, P., *El Estado Constitucional,* UNAM, México, 2001.

Periódico *El Financiero,* 5 de abril 2022

PORTINARO, P., P., *Estado. Léxico de política,* ediciones Nueva Visión, Buenos Aires, 2003.

ROTBERG, R., I., CLAPHAM, C., HERBST, J., *Los Estados fallidos fracasados: un debate inconcluso y sospechoso,* Siglo del Hombre Editores, Bogotá, 2007.

SANTOS, B., *Si Dios fuese un activista de los derechos humanos,* Trotta, Madrid, 2014.

Tratado de Libre Comercio de América del Norte

WALLERSTEIN, I., *Il sistema mondiale dell´economia moderna vol. 1,* Il Mulino, Bolonia, 1978.

Capítulo 6

La reforma a la ley de la industria eléctrica y su compatibilidad con el capítulo de inversión del Tratado entre México, Estados Unidos y Canadá (TMEC)

MTRA. ALMUDENA OTERO DE LA VEGA

I. LA REFORMA A LA LEY DE LA INDUSTRIA ELÉCTRICA

El 9 de marzo del 2021, se publicó en el Diario Oficial de la Federación el "DECRETO por el que se reforman y adicionan diversas disposiciones de la Ley de la Industria Eléctrica",[127]que modificó ciertas disposiciones de la Ley de la Industria Eléctrica ("LIE");[128] en particular, transformó el orden del despacho, eliminó la obligatoriedad de celebrar subastas, cambió los

---

[127] *https://www.diputados.gob.mx/LeyesBiblio/ref/lielec/LIElec_ref02_09mar21.pdf* [Cosulta:07/12/22.]

[128] Se reformaron los artículos 3, fracciones V, XII y XIV; 4, fracciones I y VI; 12, fracción I; 26; 35, párrafo primero; 53; 101; 108, fracciones V y VI, y 126, fracción II; y se adicionó una fracción XII Bis al artículo 3 de la Ley de la Industria Eléctrica y se establecieron cinco artículos transitorios.

criterios para adquirir certificados de energías limpias, incluyó expresamente la revocación de los permisos de autoabasto, la revisión de los Contratos de Compromiso de Capacidad de Generación de Energía Eléctrica y Compraventa de Energía Eléctrica suscritos con Productores Independientes de Energía (PIEs), flexibilizó el acceso a la red, modificó el concepto de Central Eléctrica Legada, incorporó la figura de Compromiso de Entrega Física e hizo hincapié en la seguridad en la red.

Dichas modificaciones obedecieron a la necesidad de fortalecer al sector energético puesto que era indispensable para "sostener el compromiso de largo plazo con el pueblo de México, consistente en no incrementar las tarifas de electricidad, así como garantizar la seguridad energética como pieza estratégica del concepto superior de la seguridad nacional"[129]

La exposición de motivos de la Reforma a la LIE del 2021 esgrime las razones por las cuales se decidieron implementar los cambios, los cuales gravitan en torno a la soberanía energética, el interés nacional y la confiabilidad del Sistema Eléctrico Nacional.

Las diversas modificaciones fueron objeto de una acción de inconstitucionalidad promovida el 8 de abril del 2021 por 48 senadores del Congreso de la Unión[130], la cual fue resuelta por el Pleno de la Suprema Corte de Justicia de la Nación (SCJN) en sesión del 7 de abril del 2022, desestimando la inconstitucionalidad de varias disposiciones de la LIE y declarando la validez de otras.

---

129 Oficio No. SG/UE/230/293/21 de 1 de febrero de 2021. "Iniciativa con proyecto de Decreto por el que se reforman y adicionan diversas disposiciones de la Ley de la industria Eléctrica, para tramite preferente", Página II. Disponible en: http://archivos.diputados.gob.mx/portalHCD/archivo/INICIATIVA_PREFERENTE_01FEB21.pdf

130 Acción de inconstitucionalidad 64/2021.

A modo de resumen, la SCJN declaró válidas las siguientes reformas: (a) el que sólo los Suministradores de Servicios Básicos pudieran celebrar Contratos de Cobertura Eléctrica con Compromiso de Entrega Física[131], (b) que la interconexión a la red sólo se hiciera cuando fuera "técnicamente factible"[132], (c) que se consideraran los criterios de la planeación del Sistema Eléctrico Nacional establecidos por la Secretaría de Energía[133], (d) la posibilidad de que los Generadores, Generadores Exentos, Usuarios Finales y/o solicitantes para la interconexión de las Centrales Eléctricas y la conexión de los Centros de Carga pudieran agruparse para realizar mejoras a la infraestructura[134] y (e) que se mantuviera la Seguridad de Despacho, Confiabilidad, Calidad y Continuidad del Sistema Eléctrico Nacional.[135] Asimismo, fue declarada válida la revocación de los permisos de autoabasto que hubieren sido obtenidos por fraude a la ley y la revisión de los contratos con Productores Independientes de Energía.

Por otra parte, las disposiciones desestimadas por la SCJN, fueron: (a) la porción que desvincula el concepto de Central Eléctrica Legada de la modalidad de financiamiento[136], (b) la prelación de los Contratos de Cobertura Eléctrica con Compromiso de Entrega Física en el orden del despacho,[137] (c) la prioridad en el uso de las redes para el despacho de

---

131 Decreto por el que se reforman y adicionan diversas disposiciones de la Ley de la Industria Eléctrica", artículo 3 fracción XII, XII Bis y XIV.

132 *Ibidem*, artículo 4 fracción I.

133 *Ibidem*, artículo 12 fracción I.

134 *Ibidem*, artículo 35 párrafo primero.

135 *Ibidem*, artículo 108 fracción V.

136 *Ibidem*, artículo 3 fracción V, inciso b).

137 *Ibidem*, artículo 4 fracción VI, artículo 101, artículo 108 fracción VI.

Centrales Eléctricas Legadas y Centrales Externas Legadas,[138] (d) la eliminación de la obligatoriedad para celebrar subastas de energía,[139] (e) la flexibilización de los criterios para adquirir Certificados de Energías Limpias.[140] Dicha desestimación tuvo como consecuencia jurídica el que dichas disposiciones continuaran gozando de la presunción de constitucionalidad.

En suma, todas las modificaciones publicadas el 9 de marzo de 2021 fueron acordes con los principios establecidos en la Constitución Política de los Estados Unidos Mexicanos y, su falta de aplicación, sólo se debe a la interposición de una cascada de juicios de amparo que obtuvieron suspensiones definitivas con carácter *erga omnes* que impedían que la reforma pudiera materializarse.

II. EL CAPÍTULO DE INVERSIÓN DEL TRATADO ENTRE MÉXICO, ESTADOS UNIDOS Y CANADÁ

México firmó el Tratado entre México, Estados Unidos y Canadá (TMEC) el 30 de noviembre de 2018 y éste entró en vigor el 1 de julio de 2020, sustituyendo así al Tratado de Libre Comercio de América del Norte (TLCAN).

En el Capítulo 14, México se comprometió a otorgar ciertas garantías a los inversionistas extranjeros. Si bien México puede cambiar su legislación interna para adaptarse a los nuevos paradigmas y atender las diversas necesidades del país, no menos cierto es que debe tomar en cuenta el tratado suscrito con sus socios comerciales al momento de incorporar y aplicar cambios legislativos.

---

[138] *Ibidem,* artículo 26.

[139] *Ibidem,* artículo 53.

[140] *Ibidem,* artículo 126 fracción II.

El Capítulo 14 del TMEC cuenta con una definición de inversión bastante amplia, consagra los principios de Trato Nacional, Nación Más Favorecida y Nivel Mínimo de Trato, establece cuáles serán consideradas medidas disconformes y tiene cinco anexos. El anexo 14-A refuerza la aplicación del derecho internacional consuetudinario; el Anexo 14-B ahonda en las reglas para la expropiación; el Anexo 14-C establece un mecanismo de transición para las reclamaciones pendientes al amparo del TLCAN; el Anexo 14-D contiene las reglas de solución de controversias inversionista-Estado y el Anexo 14-E define a los contratos de gobierno cubiertos y cómo serán tratados en el marco de la solución de controversias inversionista-Estado.

En virtud de este capítulo, el Estado Mexicano no debe dar un trato menos favorable a los inversionistas en el sector energético o a sus inversiones que aquél que otorga, en circunstancias similares, a sus propios inversionistas o a los inversionistas de cualquier otro país en lo referente al establecimiento, adquisición, expansión, administración, conducción, operación y venta u otra forma de disposición de inversiones en su territorio.[141] De igual manera debe otorgar tanto a los inversionistas extranjeros como a sus inversiones un trato justo y equitativo así como protección y seguridad plenas conforme al derecho internacional consuetudinario.[142]

Como excepción, vale la pena mencionar que en el Anexo II del TMEC, México listó a la energía nuclear como una actividad reservada al Estado Mexicano que no está sujeta a la obligación de Trato Nacional ni de Nación Más Favorecida y que señaló como medida vigente los artículos 25 y 28 de la Constitución Política de los Estados Unidos Mexicanos.

---

141 TMEC, artículos 14.2 y 14.3.

142 *Ibidem*, artículo 14.6.

En lo que respecta a las cuestiones adjetivas de solución de controversias, el Capítulo 14 del TMEC establece 3 anexos. En virtud del Anexo 14-C los inversionistas o las inversiones canadienses tendrán 3 años a partir de la entrada en vigor del TMEC para poder iniciar un arbitraje de inversión de conformidad con la sección B del Capítulo XI del TLCAN de 1994, tras lo cual no podrán beneficiarse del mecanismo de solución de controversias inversionista-Estado del TMEC puesto que éste, en el Anexo 14-D, sólo aplica para México y Estados Unidos.

El Anexo 14-D reconoce al Centro Internacional de Arreglo de Diferencias Relativas a Inversiones (CIADI) como un foro para ventilar las disputas que surjan a partir del Capítulo 14 del TMEC. Para beneficiarse de las reglas de este Anexo, se deben haber, no obstante, agotado las instancias nacionales y tener una decisión final, o que hayan pasado 30 meses desde el inicio de dichas instancias para poder iniciar un arbitraje inversionista-Estado, excepto cuando el recurso ante instancias nacionales sea manifiestamente inútil o no efectivo.[143]

Si se trata de un contrato de gobierno cubierto, según se define en el Anexo 14-E, sólo basta con esperar 6 meses desde que sucedieron los eventos que dieron origen a la reclamación, sin que hayan transcurrido más de 3 años desde la fecha en que el reclamante tuvo conocimiento de la presunta violación al tratado.[144]

---

143 *Ibidem*, artículo 14.D.5.

144 *Ibidem*, artículo 14.E.4.

III. LA COMPATIBILIDAD DE LA REFORMA A LA LEY DE LA INDUSTRIA ELÉCTRICA CON EL CAPÍTULO DE INVERSIÓN DEL TRATADO ENTRE MÉXICO, ESTADOS UNIDOS Y CANADÁ

Para iniciar el análisis de la compatibilidad de la reforma a la LIE del 2021 con el Capítulo 14 del TMEC, se debe partir de su ámbito de aplicación. De acuerdo con el artículo 14.1 del TMEC, califican como inversión una empresa, un contrato o un permiso.

> *"Si un particular tipo de licencia, autorización, permiso o instrumento similar (incluida una concesión en la medida en que ésta tenga la naturaleza de tal instrumento) tiene las características de una inversión depende de factores tales como la naturaleza y el alcance de los derechos que el tenedor tenga de conformidad con el ordenamiento jurídico de la Parte."*[145]

La inversión debe ser de un inversionista de Estados Unidos o de Canadá y debe haber existido a partir de la fecha de entrada en vigor del tratado o que se haya establecido, adquirido o expandido posteriormente.

En cuanto a la calidad de inversionista, un "inversionista de una Parte" significa "una Parte, o un nacional o una empresa de una Parte, que pretende realizar, está realizando o ha realizado una inversión en el territorio de otra Parte"[146] En este sentido, empresas canadienses o estadounidenses que pretenden realizar inversiones en el sector energético mexicano o ya las han realizado califican como inversionistas para efectos del TMEC.

Esta distinción entre "inversionistas" e "inversiones cubiertas" es relevante puesto que los estándares de trato deben

---

[145] TMEC, artículo 14.1. Nota al pie 2.

[146] *Ibidem*, artículo 14.1.

otorgarse a cada uno de ellos. El principio de Trato Nacional establece un trato a inversionistas o inversiones cubiertas que sea no menos favorable que aquel que México otorga a sus propios inversionistas que se encuentren en circunstancias similares.[147] El principio de Nación Más Favorecida consiste en otorgar a inversionistas e inversiones cubiertas canadienses y estadounidenses un trato menos favorable que aquél que México otorga en circunstancias similares a inversionistas de otros países.[148] Se otorgará a las inversiones cubiertas de Canadá y Estados Unidos un Nivel Mínimo de Trato que no sea adicional o superior al exigido por el estándar de derecho internacional consuetudinario y que no crea derechos sustantivos adicionales, pero que incluye "la obligación de no denegar justicia en procedimientos judiciales penales, civiles o contencioso administrativos de acuerdo con el principio del debido proceso incorporado en los principales sistemas legales del mundo"[149] así como el "nivel de protección policial exigido conforme al derecho internacional consuetudinario"[150]. En este rubro es indispensable tomar en cuenta el artículo 14.6.4, el cual establece que no cualquier acción incompatible con el tratado que resulte en una afectación económica a la inversión cubierta puede calificar como una violación al Trato Justo y Equitativo:

"Para mayor certeza, el simple hecho de que una Parte tome u omita tomar una acción que pudiera ser incompatible con las expectativas del inversionista, no constituye una violación de este Articulo, incluso si como resultado de ello hay una pérdida o daño en la inversión cubierta".[151]

---

[147] *Ibidem*, artículo 14.2.

[148] *Ibidem*, artículo 14.3.

[149] *Ibidem*, artículo 14.6.2.a)

[150] *Ibidem*, artículo 14.6.2.b)

[151] *Ibidem*, artículo 14.6.4.

Además de los estándares de protección a las inversiones, el artículo 14.8 del TMEC establece que no se podrá expropiar ni nacionalizar una inversión cubierta, ni directa ni indirectamente salvo por causa de utilidad pública, de manera no discriminatoria, mediante el pago de indemnización y conforme al debido proceso legal.[152] Es importante recordar que, para un reclamo de expropiación indirecta es indispensable analizar el impacto económico, la medida en la que se interfieren con las expectativas legítimas de los inversionistas así como el contexto y la intención del acto gubernamental.[153]

Nuevamente resulta relevante la exposición de motivos que explica las razones que propiciaron las enmiendas legislativas y establecen claros objetivos de bienestar público como lo es la soberanía energética, la disminución de las tarifas y la protección de la seguridad nacional. Estas razones deben ser tomadas en cuenta al momento de analizar un reclamo en el contexto de expropiación indirecta como al evaluar si se otorgó un trato justo y equitativo a la inversión en el sentido del artículo 14.6 del TMEC.

En suma, queda establecido que los cambios introducidos en la Reforma a la LIE del 2021 constituyen medidas que los inversionistas e inversiones cubiertas de Canadá y Estados Unidos pueden someter a un arbitraje inversionista-Estado.

En el caso de los inversionistas e inversiones canadienses, por su parte, es menester recordar que no pueden emplear el mecanismo del TMEC Anexo-D, sino que, en virtud del Anexo 14-C, tienen tres años para continuar empleando el mecanismo de solución de controversias del TLCAN. Esto es, tienen hasta julio del 2023. De esta manera, el Anexo de transición para reclamaciones existentes y pendientes puede beneficiar a

---

[152] *Ibidem*, artículo 14.8

[153] *Ibidem*, Anexo 14-B.

todas aquellas inversiones existentes que deseen someter una reclamación a arbitraje internacional de conformidad con el capítulo XI del TLCAN de 1994, beneficiándose de las definiciones y alcances de, entre otras, la sección A del Capítulo de inversión del TLCAN.

En el caso de inversionistas e inversiones estadounidenses que no opten por el Anexo de transición, ellos están sujetos al mecanismo del Anexo 14-D y Anexo 14-E. Para este último, se debe acreditar encontrarse ante un "sector cubierto" o "contrato de gobierno cubierto" según se definen en dicho Anexo.

Para efectos del Anexo 14-E, un contrato de gobierno cubierto tiene el siguiente significado:

> *"significa un acuerdo por escrito entre una autoridad nacional de una Parte del Anexo y una inversión cubierta o un inversionista de la otra Parte del Anexo, en la cual la inversión cubierta o el inversionista se basa para establecer o adquirir una inversión cubierta distinta al acuerdo por escrito como tal, que otorga derechos a la inversión cubierta o al inversionista en un sector cubierto"*[154]

Dentro de la lista de sectores cubiertos encontramos expresamente el "ii) suministro de servicios de generación de energía al público a nombre de una Parte del Anexo"[155]. Por tanto, para encontrarse en el ámbito de aplicación de Anexo 14-E se debe de tener un contrato de gobierno cubierto o estar en el sector de suministro de servicios de generación de energía eléctrica al público a nombre de una parte del Anexo.

Es discutible si los Contratos de Producción Independiente de Energía, los permisos de generación o el esquema de autoabasto, califican como contratos de gobierno cubierto o si dichos inversionistas podrían calificar como operadores de

---

154 *Ibidem,* Anexo 14-E, artículo 6 a)

155 *Ibidem,* anexo 14-E, artículo 6 b) 2

un sector cubierto. En todo caso no debe perderse de vista lo siguiente:

> *"Para mayor certeza, (a) un acto unilateral de una autoridad administrativa o judicial, tales como un permiso, licencia, certificado, aprobación o un instrumento similar emitido por una Parte del Anexo en su capacidad regulatoria, o un subsidio o donación, o un decreto, orden o sentencia, por sí mismo; y (b) un decreto u orden administrativo o judicial, no serán considerados un acuerdo por escrito".*[156]

Por tanto, sólo si un inversionista logra acreditar que tiene un contrato de gobierno cubierto o que opera en un sector cubierto podría invocar el Anexo 14-E, para lo cual podría plantear cualquier reclamo sustantivo dentro de un periodo de 6 meses a 3 años y acudir, por ejemplo, al CIADI.

Para inversionistas o inversiones estadounidenses que no acrediten tener un contrato de gobierno cubierto o que operan en un sector cubierto, podrán iniciar un arbitraje inversionista-Estado en el ámbito del Anexo 14-D; sin embargo, para ello deberán previamente agotar instancias nacionales, excepto "cuando el recurso ante instancias nacionales sea manifiestamente inútil o no efectivo".[157] Tendrán un periodo de 30 meses a 4 años para realizar su reclamo, pero éste no aplica a reclamos por el establecimiento de la inversión o de expropiación indirecta. Es decir, el reclamo de un arbitraje sólo puede versar sobre una violación a Trato Nacional post-establecimiento, violación a Trato de Nación Más Favorecida post-establecimiento o un reclamo de expropiación directa.[158]

En ese contexto, es muy cuestionable que las disposiciones de la Reforma a la LIE del 2021 constituyan una expropiación

---

156 Anexo 14-E, artículo 6, nota al pie 34.

157 *Ibidem,* artículo 14.D.5.

158 *Ibidem,* Anexo 14-D.

directa pues ninguna de las modificaciones a la LIE implica la privación del título de propiedad de la inversión del inversionista. Si se trata de un reclamo de expropiación indirecta éste sólo podrá realizarse en el marco del Anexo 14-E y, en todo caso, está sujeto a las reglas del Anexo 14-B y las disposiciones que amparan la facultad regulatoria del Estado para implementar legislaciones que tengan un objetivo de bienestar público, sin que una afectación a la inversión pueda ser automáticamente considerada una violación, toda vez que deben evaluarse el contexto de la política pública y lo que pretendía regular.

Las posibles afectaciones que se puedan dar a las inversiones en el marco de un reclamo de Trato Nacional o Nación Más Favorecida también deben tomar en cuenta los objetivos de política pública de la medida, así como la similitud de circunstancias en las que se encuentran los inversionistas mexicanos y los inversionistas estadounidenses.

En cualquier caso, para iniciar un arbitraje inversionista-Estado en el marco del Anexo 14-D se ofrecen las siguientes alternativas:

> *"a) el Convenio del CIADI y las Reglas Procesales Aplicables a los Procedimientos de Arbitraje del CIADI, siempre que tanto la demandada como la Parte de la demandante sean partes del Convenio del CIADI;*
>
> *(b) el Reglamento del Mecanismo Complementario del CIADI, siempre que la demandada o la Parte de la demandante sea una parte del Convenio del CIADI;*
>
> *(c) el Reglamento de Arbitraje de la CNUDMI; o*
>
> *(d) si la demandante y la demandada lo acuerdan, cualquier otra institución arbitral o cualesquiera otras reglas de arbitraje".*[159]

---

[159] *Ibidem*, Anexo 14-D, artículo 3.

México forma parte del CIADI desde el 2018 y Estados Unidos desde 1966, por lo que podrá llevarse a cabo un hipotético arbitraje de inversión con base en las Reglas de Arbitraje del CIADI, sin perjuicio de que la demandante considerara más conveniente emplear el Reglamento de Arbitraje de la CNUDMI o de cualquier otra institución arbitral como lo es la Corte Internacional de Arbitraje de la Cámara de Comercio Internacional.

En dicho arbitraje hipotético y, "a menos que las partes contendientes acuerden algo diferente, el tribunal estará integrado por tres árbitros, un árbitro designado por cada una de las partes contendientes y el tercero, que será el árbitro presidente, designado por acuerdo de las partes contendientes".[160]

En cuanto al fondo, la demandante es quien tiene la carga de la prueba, por lo que se deberá demostrar que la aplicación de la Reforma a la LIE del 2021 otorga un trato menos favorable a los inversionistas o a las inversiones cubiertas de Estados Unidos con respeto a los inversionistas y las inversiones de mexicanos que estén en circunstancias similares o con respecto a los inversionistas o las inversiones cubiertas de otros países que también se encuentren en circunstancias similares.

Dado que la configuración de la Reforma a la LIE del 2021 pretende fortalecer el sector energético mexicano en aras de alcanzar la soberanía energética y fortificar a la Comisión Federal de Electricidad, es probable que el análisis que deban realizar los Tribunales Arbitrales en futuros arbitrajes de inversión se enfoque en el principio de Trato Nacional y que los reclamos versen sobre el orden del despacho, la prelación en el despacho de los Contratos de Cobertura Eléctrica con Compromiso de Entrega Física, la prioridad en el uso de las redes a las Centrales Eléctricas Legadas y Centrales Externas Legadas, la eliminación de la obligatoriedad de realizar subastas

---

160 *Ibidem*, Artículo 14.D.6.

de energía y la flexibilización de los requisitos para obtener Certificados de Energías Limpias.

Para cada uno de estos temas las inversiones cubiertas y los inversionistas estadounidenses deberán demostrar un trato menos favorable con relación a los inversionistas mexicanos que se encuentren en circunstancias similares, para lo cual es discutible si la Comisión Federal de Electricidad, por su naturaleza como Empresa Productiva del Estado, puede considerarse en similitud de circunstancias con las inversiones extranjeras dado su mandato constitucional así como la necesidad del Estado mexicano de despachar energía confiable en el Sistema Eléctrico Nacional en aras de proteger la seguridad nacional de un área estratégica que requiere control y planeación en los términos que dictan los artículos 25 y 28 de la Carta Magna.

En todo caso debe evaluarse el impacto económico que sufran las inversiones extranjeras *vis a vis* las inversiones mexicanas y en tanto la legislación no pueda aplicarse por las multitud de suspensiones que se desprendieron de los juicios de amparo promovidos ante los Juzgados de Distrito en materia Administrativa, especializados en Competencia Económica, Radiodifusión y Telecomunicaciones, se seguirá aplicando la versión de la Ley de industria Eléctrica del 2014 sin que se cause perjuicio a ningún participante del sector eléctrico.

IV. CONCLUSIONES

La Reforma a la Ley de la Industria Eléctrica publicada en el Diario Oficial de la Federación el 9 de marzo del 2021 obedeció a un cambio de paradigma que se explica en su correspondiente "exposición de motivos" y que gravita en torno a la soberanía energética y la seguridad nacional.

Dicha reforma fue objeto de una acción de inconstitucionalidad que fue resuelta por la Suprema Corte de Justicia y cuya sentencia reafirma la presunción de validez constitucional de todas las modificaciones desestimadas y confirma expresamente la validez de otras modificaciones.

Si bien la reforma pasó un filtro constitucional a nivel nacional, no está exenta de ser examinada en el contexto del Tratado entre México, Estados Unidos y Canadá; en particular, el capítulo de inversión.

Para evaluar la compatibilidad de la reforma con el capítulo 14 del TMEC se deben de tomar en cuenta que se trate de inversiones cubiertas y de inversionistas canadienses o estadounidenses.

Los inversionistas y las inversiones canadienses no podrán acceder al mecanismo de solución de controversias inversionista-Estado del TMEC Anexo 14-D y tienen la carga de la prueba para demostrar que, en virtud del TLCAN de 1994, la reforma a la LIE del 2021 entraña una violación a los principios de protección a las inversiones o una expropiación directa o indirecta a su inversión, para lo cual tienen un plazo de 3 años desde la terminación del TLCAN para realizar su reclamo.

Los inversionistas y las inversiones estadounidenses tienen la carga de demostrar en virtud del T-MEC Anexo 14-D que las medidas son contrarias a los principios de trato o constituyen una expropiación directa.

Si los inversionistas y las inversiones estadounidenses quisieran emplear el mecanismo de arbitraje del Anexo 14-E, tienen la carga de demostrar que su contrato es un contrato de gobierno cubierto o que su inversión está en el ámbito de un sector cubierto para poder realizar su reclamo. Si bien para este Anexo se tiene un plazo de 6 meses a 3 años y se puede invocar cualquier violación a los principios de trato, incluyendo un reclamo de expropiación indirecta, deben demostrar a cabalidad encontrarse en los supuestos de procedencia; es decir, dentro de las estrictas y, un tanto confusas, definiciones del Anexo-E.

En todo caso, debe tomarse en cuenta el contexto de la medida, así como su objetivo, sin olvidar que una afectación económica a una inversión, aun cuando se atenten contra las expectativas legítimas de los inversionistas, no califica *per se* como una violación al estándar de Trato Justo y Equitativo y que está reconocido tanto en el capítulo de inversión como en el preámbulo del TMEC la facultad de los Estados para implementar regulaciones en beneficio del interés público.

Los árbitros que conozcan eventualmente de arbitrajes de inversión por la reforma a la LIE del 2021 deberán contrastar los reclamos de las inversiones cubiertas y los inversionistas con la facultad regulatoria del Estado, tomar en cuenta las afectaciones a las inversiones, evaluar si los inversionistas extranjeros realmente están en circunstancias similares a los inversionistas nacionales y considerar los interesantes planteamientos esgrimidos por el Pleno de la SCJN así como los votos particulares que confirmaron la validez constitucional de la reforma a la Ley de la Industria Eléctrica.

FUENTES DE INFORMACIÓN REFERIDA

SUPREMA CORTE DE JUSTICIA DE LA NACIÓN: «Acción de inconstitucionalidad 64/2021» [En línea], (2021) <https://www2.scjn.gob.mx/ConsultaTematica/PaginasPub/DetallePub.aspx?AsuntoID=281693> [Cosulta:07/12/22.]

DIARIO OFICIAL DE LA FEDERACIÓN: «Acción de inconstitucionalidad 64/2021.» [En línea], (2021) <*https://www.diputados.gob.mx/LeyesBiblio/ref/lielec/LIElec_ref02_09mar21.pdf*> [Cosulta:07/12/22.]

PRESIDENCIA DE LA REPÚBLICA: «OFICIO No. SG/UE/230/293/21 de 1 de febrero de 2021. "Iniciativa con proyecto de Decreto por el que se reforman y adicionan diversas disposiciones de la Ley de la industria Eléctrica, para tramite preferente.» [En línea], (2021) <http://archivos.diputados.gob.mx/portalHCD/archivo/INICIATIVA_PREFERENTE_01FEB21.pdf> [Cosulta:07/12/22.]

Tratado México, Estados Unidos y Canadá (T-MEC)

Capítulo 7

El capítulo anticorrupción del T-MEC y el autoabasto eléctrico

GEORGINA ZANELLA VELASCO

I. INTRODUCCIÓN

Con la inclusión novedosa y acorde con los tiempos que se viven, el Tratado de Libre Comercio entre México, Estados Unidos y Canadá (T-MEC), en vigor a partir del 01 de julio de 2020, incluye el Capítulo 27 en materia de anticorrupción.

Dicho acápite considera las medidas para prevenir y combatir el cohecho y la corrupción en el comercio y la inversión internacionales aplicables a individuos que desempeñen funciones públicas. Para lo cual en el ámbito obligacional de cada Parte tiene a su cargo:

- Mantener o bien adoptar aquellas medidas legislativas y de otro tipo que sean necesarias para tipificar como delitos en su ordenamiento jurídico sobre asuntos que afecten el comercio o la inversión internacionales.
- Alentar a las empresas a prohibir o desalentar el uso de pagos de facilitación.
- Tomar medidas para concientizar a sus funcionarios públicos sobre sus leyes sobre cohecho.
- Adoptar las medidas apropiadas para promover la participación de individuos y grupos fuera del sector público,

como empresas, sociedad civil, organizaciones no gubernamentales y organizaciones comunitarias, en prevenir y combatir la corrupción.

En este marco referencial la concientización de la lucha contra este flagelo internacional entre los sectores privados sobre la orientación en anticorrupción es reconocida y apoyada por las Partes celebrantes del acuerdo internacional que hoy nos ocupa.

Para ello la labor de cooperación, coordinación e intercambio de información se erige común de los elementos troncales para hacer efectiva esta desiderata, cada Parte a través de sus respectivas agencias encargadas fomenten las medidas efectivas para prevenir, detectar y desalentar el cohecho y la corrupción y establecer mejores prácticas.

II. APLICACIÓN DEL CAPÍTULO 27 T- MEC: ANTICORRUPCIÓN

La problemática del combate a la corrupción se traduce en:

- Ninguna Parte dejará de aplicar efectivamente sus leyes u otras medidas adoptadas o mantenidas para combatir la corrupción.
- Cada parte conserva el derecho de que sus autoridades ejerzan discreción para aplicar sus leyes anticorrupción.

En este contexto e incólume el régimen jurídico derivado del sistema nacional anticorrupción, y en cabal congruencia con el Tratado Internacional, la figura de excepción de autoabasto, cuya excepcionalidad no le impide acortarse al orden jurídico que le dio origen, haciendo uso de un esquema de simulación para e, franco fraude a la ley operar, en franco demérito de la teleología que le dio vida y que es, en suma, satisfacer sus necesidades de autoconsumo, no con ánimo de lucro y dando pie a un mercado paralelo anticompetitivo y desleal de suyo.

III. MARCO LEGAL DEL AUTO ABASTO

La génesis de esta figura de excepción se remonta a 1975 año de emisión de la Ley del Servicio Público de Energía Eléctrica (LSPEE).[161] Hasta 2013, la Constitución Política de los Estados Unidos Mexicanos y la Ley del Servicio Público de Energía Eléctrica en sus artículos 27 y 1°, respectivamente, establecían, que "le corresponde exclusivamente a la Nación generar, conducir, transformar, distribuir y abastecer energía eléctrica [...]". No obstante, después de varias modificaciones, en 1992, la Ley del Servicio Público de Energía, permitió la entrada de privados a la generación bajo las modalidades de autoabastecimiento, cogeneración y pequeña producción, así como para venta a Comisión Federal de Electricidad (CFE), reservando para el Estado la prestación del servicio público, lo que limitaba la entrada de inversión privada al sector.

En el artículo 3o. de la propia ley, quedaron definidas las actividades relacionadas con la energía eléctrica que no se consideran servicio público, pero que en todo caso deberán vender sus excedentes y producción pactada a la CFE, entre ellas la de autoabastecimiento.

En este sentido el artículo 36 de la LSPEE, reconoció la participación de la iniciativa privada y autorizó que la Secretaría de Energía para otorgar permisos de autoabastecimiento de

161 Este ordenamiento se modificó en cinco ocasiones, siendo la reforma de 1992 la más significativa, debido a que permitió la apertura de espacios limitados a la iniciativa privada nacional y extranjera mediante los esquemas de autoabastecimiento, cogeneración y producción independiente de energía eléctrica.

energía eléctrica, destinados a la satisfacción de necesidades de personas físicas o morales, sin violentar la prohibición del artículo 27 constitucional, ya que la producción era destinada para el autoconsumo y no para prestar servicio público[162].

Aunado al impulso de la utilización de fuentes limpias de generación, la actual política busca el incremento de la participación privada para atender las necesidades del sector. En la derogada Ley del Servicio Público de Energía Eléctrica (LSPEE), las modalidades de generación estaban a cargo de la CFE, derivado de la Ley de la Industria Eléctrica (LIE), éstas cambiaron a CFE-Generación, Generador y Generación Distribuida, y las centrales que contaban con un permiso o contrato, bajo la LSPPE, las cuales se mantendrán hasta su vencimiento.

Los artículos 1°., 2°., y 4°. de la Ley del Servicio Público de Energía Eléctrica establecen que corresponde al Estado, en forma exclusiva, la generación, transformación y la distribución de la energía eléctrica, y los diversos 3, 36, 36 bis, 37 y 38 prevén los supuestos en que, a manera de excepción, los particulares pueden participar en la generación de energía eléctrica, así como los principios, requisitos y modalidades.

La Ley del Servicio Público de Energía Eléctrica, publicada en el Diario Oficial de la Federación el veintidós de diciembre de mil novecientos setenta y cinco, originalmente consideraba en su articulado las actividades de generación de electricidad, llevadas a cabo por los organismos públicos federales especializados como parte del servicio público de electricidad; sin embargo, se preveía que cuando existiera la imposibilidad o la inconveniencia del suministro de energía eléctrica, por parte de la Comisión Federal de Electricidad,

---

162 Ovalle Favela, José, "La Nacionalización de las Industrias Petrolera y Eléctrica", *Boletín Mexicano de Derecho Comparado*, nueva serie, año XL, núm. 118, enero- abril de 2007, pp. 189-190.

se podían otorgar permisos de autoabastecimiento de energía eléctrica destinada a la satisfacción de las necesidades propias de las personas físicas o morales individualmente consideradas, lo cual no era considerado servicio público, los titulares de tales permisos quedaban obligados a contribuir, en la medida de sus posibilidades, con energía eléctrica para el servicio público, cuando por causas de fuerza mayor o caso fortuito el servicio público se interrumpiera o restringiera y únicamente por el lapso que durara tal eventualidad (artículos 35 a 39).

En 1983 se reforman los artículos 36 y siguientes de la Ley, donde se establecen cambios sustanciales en la materia que justifica la exposición de motivos Presidencial que dio origen a la mencionada reforma.

Como resultado de la reforma citada, el texto del artículo 36 de la Ley del Servicio Público de Energía Eléctrica otorgaba a la Secretaría de Energía Minas e Industria Paraestatal, oyendo a la Comisión Federal de Electricidad, la facultad de expedir los permisos de autoabastecimiento de energía destinada a la satisfacción de necesidades propias de personas físicas o morales individualmente consideradas, siendo condición indispensable la imposibilidad o la inconveniencia del suministro del servicio de energía eléctrica por parte de la Comisión Federal de Electricidad.

Se preveía al autoabastecimiento como una actividad reconocida de producción de electricidad que no constituye servicio público, la reforma de mil novecientos ochenta y tres, sólo consideraba una figura de producción privada de electricidad, denominada genéricamente autoabastecimiento.

El autoabastecedor genera su electricidad a partir de cualquier fuente primaria de energía (gas natural, petróleo, carbón, etc.), con el objeto de satisfacer sus necesidades de consumo; el cogenerador, por su parte, produce electricidad en función de la aplicación de tecnologías de aprovechamiento de sub-productos de sus procesos industriales (vapor, gases de combustión, calor, gases de alto horno, biomasa, etc.), con una limitada participación de fuentes primarias convencionales. Lo anterior, evidencia que la diferencia entre ambas figuras es de carácter tecnológico y no de objetivos, lo que lleva a afirmar que la cogeneración es una especie del género autobastecimiento.

Ahora bien, se establecía como condición para el otorgamiento de permisos de autoabastecimiento que el organismo responsable de la prestación del servicio público no estuviera en posibilidades de ofrecer el servicio en condiciones suficientes para cubrir las necesidades de consumo del particular o que el propio organismo considerara que la prestación de dicho servicio le resultaba inconveniente desde un punto de vista técnico o económico; la energía eléctrica generada debía destinarse fundamentalmente a la satisfacción de las necesidades propias del permisionario, es decir, a su autosuministro, y los permisionarios debían poner a disposición del servicio eléctrico nacional los excedentes de electricidad que resultaren, siempre que estos pudieran ser aprovechados por el mismo en condiciones técnicas y económicas adecuadas.

En el año de mil novecientos noventa y dos, se amplió la participación del sector privado en la generación de energía eléctrica, la exposición de motivos de la mencionada reforma señala que la industria eléctrica ha sido factor fundamental para lograr el desarrollo del país, más de cinco décadas, la generación y suministro de la energía eléctrica fue un campo dominado por empresas extranjeras, lo que propició la limitación de las zonas atendidas y la prestación de un servicio deficiente. Motivado por tal circunstancia, el Estado mexicano decretó la nacionalización de la industria eléctrica y consolidó en la Comisión Federal de Electricidad la función de prestar el servicio público. Esta actividad se ha desarrollado con el transcurso de los años, en forma tal que ratifica la vigencia de un proceso que da prioridad a la satisfacción oportuna de las necesidades de los mexicanos.

El Artículo 27, párrafo sexto, de la Constitución Política de los Estados Unidos Mexicanos establecía la exclusividad de la nación en la generación, conducción, transformación, distribución y abastecimiento de energía eléctrica que tenga por objeto la prestación de servicio público.

Hacia 1983 hay una redefinición de la figura del autoabastecimiento con la posibilidad de que los particulares concurran al proceso productivo, generando energía eléctrica para destinarla exclusivamente a la venta, por la totalidad de su producción, a la Comisión Federal de Electricidad para el cumplimiento de su objeto, la que en exclusiva prestaría el servicio público, a fin de modernizar la prestación del servicio público de energía eléctrica.

En este contexto la reforma de mil novecientos noventa y dos, amplía la participación de los particulares en la generación de energía eléctrica, actividad que por disposición expresa del artículo 3o. de la Ley del Servicio Público de Energía Eléctrica no es considerada servicio público.

Por otra parte, fuera del servicio público que sólo a la Nación corresponde prestar, la Ley autoriza a otorgar permisos de producción de electricidad a autoabastecedores, cogeneradores, productores independientes y pequeños productores, bajo determinados supuestos que corresponden a la naturaleza de cada uno de ellos.

Las reformas en comento delimitan nítidamente las figuras de autoabastecimiento y cogeneración, sin embargo, mantienen en ambos supuestos los objetivos de autoconsumo, definiendo los elementos distintivos de dichas figuras, a los que nos referiremos a continuación:

El artículo 36, fracción I, señala que la electricidad producida bajo el amparo de un permiso de autoabastecimiento deberá destinarse a la satisfacción de las necesidades de consumo propias del permisionario, éstas no están limitadas al desarrollo de actividades industriales sino que pueden estar relacionadas con actividades comerciales, de servicios o estrictamente personales y, no se prevén las fuentes primarias que pueden utilizarse para producir electricidad para fines de autoabastecimiento, de lo que se deduce que los autoabastecedores pueden recurrir a toda clase de fuentes convencionales y no convencionales.

De todo lo que se lleva dicho podemos concluir que el autoabastecimiento tiene como característica el autoconsumo, en tanto que la energía eléctrica generada sería destinada a la satisfacción de necesidades propias de personas físicas o morales.

IV. MODALIDADES DE PERMISOS

Conforme al marco jurídico referencial brevemente desarrollado en acápites precedentes, la modalidad de "autoabastecimiento" debe acotar su razón de ser y operación a las siguientes actividades:

- Autoconsumo, que se erige como el elemento esencial de las figuras de autoabastecimiento.
- Dicho autoconsumo se altera el concepto de excedente, pues pasa de ser lo que sobra racionalmente después del autoconsumo de la producción, a un sentido de la capacidad sobrante del permisionario, una vez satisfechas sus necesidades, lo que puede interpretarse como todo lo que se pueda producir y no se consuma.

Lo cual, podría solapar y dar pie al "fraude a la ley" dando paso a la venta de electricidad, lo que, además, implicaría apartarse de los principios constitucionales establecidos en la parte final del sexto párrafo del artículo 27 de la Constitución, en el sentido de que "***Corresponde exclusivamente a la Nación la planeación y el control del sistema eléctrico nacional, así como el servicio público de transmisión y distribución de energía eléctrica***; en estas actividades no se otorgarán concesiones, sin perjuicio de que el Estado pueda celebrar contratos con particulares en los términos que establezcan las leyes, mismas que determinarán la forma en que los particulares podrán participar en las demás actividades de la industria eléctrica."

V. AUTOABASTECIMIENTO, PROPÓSITOS, BENEFICIOS

Reiteradamente se ha mencionado que las figuras de autoabastecimiento y cogeneración, aun cuando presentan diferencias de carácter tecnológico constituyen formas de sustitución del servicio público en la medida en que permiten a sus beneficiarios subvenir directamente a sus necesidades, sin perjuicio de comprometer sus excedentes para el servicio público.

Es importante resaltar que como la finalidad del autoabastecimiento es la satisfacción de las necesidades de consumo individualmente consideradas, la figura conserva su carácter sustitutivo del servicio público de electricidad, por lo que serían inconcebibles proyectos de autoabastecimiento cuyas capacidades rebasen notoriamente las necesidades de autoconsumo.

VI. CÓMO ES Y DEBE SER EL AUTOABASTO

La teleología de la figura de autoabastecimiento de energía eléctrica subyace en la denominación que la individualiza, en tanto que está destinada a la satisfacción de necesidades de personas físicas o morales, configurada como una excepción a la figura del servicio público de energía eléctrica.

En este contexto, la viabilidad jurídica del otorgamiento de los permisos está sujeta a la condición *sine qua non* de que ello resulte conveniente para la nación conforme a la política nacional en materia energética, no es de obviar que el objetivo de dichos permisos es propiciar la producción destinada exclusivamente a la satisfacción necesidades energéticas de sus titulares, por lo que se asemeja a una cooperativa de producción y autoconsumo; así las cosas, las actividades a cargo de los auto abastecedores no pueden tener por objeto la satisfacción de necesidades generales o colectivas El autoabastecimiento está estrechamente relacionado con el objetivo de la obtención de ahorros en los consumos eléctricos por los titulares de los permisos, es decir, lo que se busca a través de este mecanismo es el abaratamiento del costo de acceso al energético.

Creada sin ánimo de lucro, resulta evidente que la electricidad generada bajo esta modalidad jurídica no puede ser vendida a terceros, salvo la venta de los excedentes a la CFE, establecida en la propia normativa aplicable, situación distinta corrompería la razón de ser de su creación y la estructura del sistema jurídico mexicano, sin obviar las definiciones de estructura económica que le caracterizan.

VII. CÓMO ES Y DEBE SER EL AUTOABASTO ACORDE CON LA SCJN

De la revisión de la Controversia Constitucional 22/2001[163], se destaca lo siguiente:

- El autoconsumo se justifica para que los permisionarios ahorren en su consumo eléctrico, vía el permiso si y sólo si no es inconveniente para el servicio público.

[163] Registro digital 17084, Novena Época, *Semanario Judicial de la Federación y su Gaceta,* Tomo XV, mayo de 2002, página 607 recuperada en: *https://sjf2.scjn.gob.mx/detalle/ejecutoria/17084 el 31 de mayo de 2022.* [Consulta:13/12/22].

- La producción de electricidad debe dirigirse a cubrir sus necesidades de autoconsumo.
- La operación real se apartar del ámbito normativo, dando pie a un cambio sustancial que desvirtúa el requisito de autoconsumo, elemento esencial y limitación lógica contenida en la ley a la luz del artículo 27 de la Constitución.
- La actividad de estas sociedades simuladas de autoabasto, si bien es la generación de energía eléctrica, no se limita al autoconsumo, sino que se direcciona para su venta a la Comisión Federal de Electricidad, dando al traste a los principios constitucionales del sexto párrafo del artículo 27 Constitucional.

VIII. DESVIACIONES AL AUTOABASTO

Desde inicio el proyecto está planteado como un negocio de generación de energía por:

- La descripción del proyecto y su difusión en medios a guisa de publicidad
- La obtención de crédito de banca de desarrollo
- La capacidad instalada que supera en mucho la necesidad de energía eléctrica del permisionario y sus socios

La constitución de una persona moral "a modo" para la admisión abierta de gran cantidad de socios, tantos como clientes puedan obtener

En lugar de una sociedad con propósito específico o una sociedad cooperativa de autoconsumo se constituyeron como sociedad anónima promotora de inversión conocida como SAPI.

Existen dos "momentos" en la comisión de las irregularidades, uno se ubica previo a la reforma constitucional en materia energética del 20 de diciembre de 2013, el autoabastecedor viola la LSPEE al comercializar la electricidad, en tanto que está expresamente prohibido, por ende, comete la falta a través del Sistema Eléctrico Nacional en una franca y evidente competencia desleal hacia CFE, con el beneficio de gozar de tarifas de porteo indebidas.

Otro momento es posterior a la entrada en vigor de la reforma en párrafo precedente mencionada, el autoabasto simulado, viola la LSPEE al comercializar la electricidad, prohibición que subsiste y que se erige como una conducta sistemática de violaciones a las reglas del mercado eléctrico mayorista, con la consecuente competencia desleal hacia CFE, reiterada, recurrente y subsistente, así como a los demás generadores del mercado.

Dicho mecanismo de ilicitud impacta al Sistema Eléctrico Nacional y con el indebido beneficio de tarifas de porteo especiales.

IX. SOCIALIZACIÓN DEL DÉFICIT QUE GENERAN LAS INTERMITENCIAS

En este escenario los socios, que en realidad son clientes, obtienen un servicio no autorizado en la normatividad aplicable y se benefician, al igual que el autoabastecedor, del déficit que por la suplencia de las intermitencias resiente CFE que *se socializa entre todos los usuarios del servicio de CFE.*

X. IRREGULARIDADES EN EL AUTOABASTO

Este mecanismo conlleva una serie de irregularidades de índole administrativa, en materia de competencia económica, en el ámbito societario y en el cumplimiento en igualdad de condiciones de las tarifas de transmisión.

Por cuanto hace a las irregularidades administrativas, de manera enunciativa, pero no limitativa, podemos destacar las siguientes:

- Engaño a la autoridad administrativa.
- Explotación de la red del sistema eléctrico nacional para la transmisión y distribución es decir la prestación de un servicio en violación a la ley y sin la debida concesión.

En el rubro de competencia económica, no es de obviar que, configura un mercado paralelo en perjuicio del Mercado Eléctrico Mayorista (después de la reforma energética 2013) y, por consecuencia, una competencia desleal con los demás generadores de electricidad.

En materia societaria, es un esquema de simulación de una razón social, en donde los aparentes socios, son en realidad clientes, en un esquema de fraude a la ley que produce beneficios económicos al margen del orden legal existente, entre estos últimos, es de destacar la falta de pago completo de tarifas de transmisión, caso del porteo estampilla, que sólo procede en un supuesto de autoconsumo y no en la comercialización y venta de electricidad.

XI. CONCLUSIONES

El autoabasto como figura de excepción en la Ley del Servicio Público de Energía Eléctrica, que subsiste en la Ley de la Industria Eléctrica, se ha erigido como un mecanismo de fraude a la ley, desvirtuando la *ratio legis* de su inclusión en el orden jurídico mexicano.

Su subsistencia y persistencia ha posibilitado la creación de un mercado eléctrico paralelo al nacional en contravención al orden jurídico y en demérito patrimonial al Estado mexicano y a los mexicanos.

Competencia desleal, al margen de la legalidad, orientada y sustentada por el ansia desbordada de lucro, desconociendo la noción de solidaridad humana y la visión de nación.

FUENTES DE INFORMACIÓN REFERIDA

Tratado entre México, Estados Unidos y Canadá

OVALLE FAVELA, J., "La Nacionalización de las Industrias Petrolera y Eléctrica", *Boletín Mexicano de Derecho Comparado,* nueva serie, año XL, núm. 118, enero- abril de 2007, pp. 189-190.

SEMANARIO JUDICIAL DE LA FEDERACIÓN, «CONTROVERSIA CONSTITUCIONAL 22/200 17084» [en línea], (2002), https://sjf2.scjn.gob.mx/detalle/ejecutoria/17084 [Consulta:13/12/22].

Capítulo 8

Estudio sobre la ilegitimidad de la deuda pública externa contraída por el Estado mexicano

HÉCTOR MIGUEL FUENTES CORTÉS

I. CORRUPCIÓN Y ADQUISICIÓN DE DEUDA PÚBLICA

A partir de las consideraciones hechas sobre los montos que puede presentar la promoción de litigios en materia de inversión iniciados en contra del Estado Mexicano, conviene reflexionar acerca de la legitimidad que efectivamente pueda existir para que las compañías que los promueven obtengan fallos favorables y obliguen a nuestro país a reconocerlas tomando en consideración el marco regulatorio vigente en México y a nivel internacional.

Comenzaremos por precisar la noción clásica de corrupción que, entre otros documentos, podemos localizar en el Diccionario Panhispánico del Español Jurídico: Comportamiento consistente en el soborno, ofrecimiento o promesa a otra persona que ostenta cargos públicos, o a personas privadas, a los efectos de obtener ventajas o beneficios contrarios a la legalidad o que sean de naturaleza defraudatoria.[164]

---

[164] RAE, «Diccionario Panhispánico del Español Jurídico» [en línea], <https://dpej.rae.es/lema/corrupci%C3%B3n> [Consulta:13/12/22]

O bien, causa de nulidad de un tratado derivada de los actos realizados directa o indirectamente por un sujeto negociador sobre el representante de otro con objeto de ejercer una influencia fundamental sobre su disposición para concluirlo. Su válida alegación requiere acreditar fehacientemente la atribución de dichos actos al sujeto responsable.[165]

Por consiguiente, vale la pena analizar si efectivamente las empresas extranjeras pueden disponer de activos nacionales con base en la celebración de tratados internacionales en materia de inversión en nuestro país.

Por ejemplo, la Ley Federal de Deuda Pública precisa que la generación de deuda pública puede generarse por diversos cauces, siendo los principales los que derivan por financiamientos, que de conformidad con su artículo 2º pueden consistir en lo siguiente:

> Artículo 2o.- [...] se entiende por financiamiento la contratación dentro o fuera del país, de créditos, empréstitos o préstamos derivados de:
>
> I.- La suscripción o emisión de títulos de crédito o cualquier otro documento pagadero a plazo.
>
> II.- La adquisición de bienes, así como la contratación de obras o servicios cuyo pago se pacte a plazos.
>
> III.- Los pasivos contingentes relacionados con los actos mencionados y,
>
> IV.- La celebración de actos jurídicos análogos a los anteriores.

Asimismo, conviene precisar que la deuda pública pude ser interna o externa, dependiendo de las personas con quienes esta se contraiga. El Diccionario Panhispánico del Español Jurídico proporciona las siguientes nociones:

---

165 RAE, «Diccionario Panhispánico del Español Jurídico» [en línea], <https://dpej.rae.es/lema/corrupci%C3%B3n> [Consulta:13/12/22]

a) Deuda pública interna: Parte de la deuda nacional o pública que contrae el Estado con personas naturales o jurídicas del mismo.[166]

b) Deuda pública externa: Parte de la deuda nacional o pública que contrae el Estado con entidades extranjeras.[167]

Por razones obvias, nuestro estudio se focaliza en la segunda noción, es decir, a la deuda pública externa. Por lo que a ella respecta, la ya señalada Ley Federal de Deuda Pública, señala con adecuación indica la siguiente atribución a la Secretaría de Hacienda y Crédito Público para contraer este tipo de deuda en nuestro país:

> Artículo 4o.- Corresponde al Ejecutivo Federal, por conducto de la Secretaría de Hacienda y Crédito Público:
>
> V.- Contratar y manejar la deuda pública del Gobierno Federal y otorgar la garantía del mismo para la realización de operaciones crediticias que se celebren con organismos internacionales de los cuales México sea miembro o con las entidades públicas o privadas nacionales o de países extranjeros, siempre que los créditos estén destinados a la realización de proyectos de inversión o actividades productivas que estén acordes con las políticas de desarrollo económico y social aprobadas por el Ejecutivo y que generen los recursos suficientes para el pago del crédito y tengan las garantías adecuadas.

Ahora bien, una vez hechas estas precisiones preliminares, es necesario confrontar si la Administración Pública Federal está cumpliendo con los objetivos orientados al desarrollo social que marca nuestra legislación de manera eficaz, dado el

---

166 RAE, «Diccionario Panhispánico del Español Jurídico» [en línea], <https://dpej.rae.es/lema/corrupci%C3%B3n> [Consulta:13/12/22]

167 RAE, «Diccionario Panhispánico del Español Jurídico» [en línea], <https://dpej.rae.es/lema/corrupci%C3%B3n> [Consulta:13/12/22]

escenario que se mantiene actualmente en relación con la generación de deuda pública. Por ejemplo, un informe respecto de la adquisición de deuda pública proveniente del Congreso de la Unión deja manifiesto lo siguiente:

1. El gobierno del presidente Andrés Manuel López Obrador hizo subir la deuda pública en más de 2 billones 370 mil millones de pesos, tan solo en 40 meses de su gestión.
2. La secretaria de la Comisión de Hacienda y Crédito Público explicó que este incremento, equiparado con el monto aprobado del Presupuesto de Egresos de la Federación 2022, de 7 billones 88 mil 250 millones de pesos, representa poco más del 33 por ciento.
3. Al asumir el cargo como presidente, López Obrador recibió de la administración de Enrique Peña Nieto una deuda pública de 10 billones 731 mil 700 millones de pesos, sin embargo, luego de los primeros 40 meses de su gobierno, la deuda se incrementó en más de 2.3 billones de pesos.[168]

Es decir, a pesar de que en el discurso el Poder Ejecutivo ha propugnado por cubrir necesidades sociales en beneficio de las clases sociales más favorecidas en nuestro país, se han exacerbado notablemente los montos de deuda externa, sin que eso signifique en modo alguno una mejora en las prestaciones que corresponden a las personas más desfavorecidas, puesto que el presupuesto para [2022] de todos los programas

---

[168] CÁMARA DE DIPUTADOS, «Pese a austeridad republicana, la deuda pública se ha incrementado en 2 billones 370 mil mdp: Patricia Terrazas Baca» [en línea], (2022), <http://www5.diputados.gob.mx/index.php/esl/Comunicacion/Agencia-de-Noticias/2022/Febrero/26/1864-Pese-a-austeridad-republicana-la-deuda-publica-se-ha-incrementado-en-2-billones-370-mil-mdp-Patricia-Terrazas-Baca> [Consulta:13/12/22]

sociales prioritarios del gobierno no llega a 500 mil millones de pesos, y para el pago del servicio de la deuda –que no de ésta–, se destinarán 860 mil millones. Se deben satisfacer primero los intereses de la mayoría y después los de los insaciables acreedores.[169]

Sin embargo, estas condiciones no son elementos únicos que se deben considerar injustificado el aumento que en últimos años ha presentado la deuda pública mexicana, pues la propagación de corrupción representa un elemento que complica significativamente el cumplimiento de obligaciones de pago, tanto a nivel interno como externo.

II. TENDENCIA DE COMPROMISOS ADQUIRIDOS COMO DEUDA POR PAÍSES TERCERMUNDISTAS

Las cifras de incremento de deuda externa antes anotadas pueden sufrir un incremento significativo si se permite que prosperen los litigios entablados por inversionistas extranjeros en contra del Estado Mexicano para recuperar activos pendientes de reembolso por causa de deuda pública externa contraída con los mismos.

Como sabemos, el marco constitucional en nuestro país permite la apertura comercial e incluso establece bases para que las empresas extranjeras sean partícipes del desarrollo de la economía nacional.

Además, la celebración de tratados internacionales como el T-MEC justifica que se puedan incentivar intercambios comerciales de gran calado con otras potencias económicas.

169 MIRÓN LINCE, B., «México: propone suspender pago de deuda externa», [en línea], (2022), <https://www.cadtm.org/Propone-suspender-pago-de-deuda-externa> [consulta:13/12/22].

Sin embargo, los compromisos adquiridos por el gobierno mexicano con empresas extranjeras no son una cuestión novedosa. Recordemos que históricamente la apertura comercial que México ha brindado a otros países ha significado la adopción de modelos económicos altamente rentables para muchas compañías provenientes de otros países, en el que muchas empresas mexicanas han pasado a manos del capital extranjero. Respecto a la década de los noventa, por ejemplo, la CEPAL informa lo siguiente en un artículo sobre la inversión extranjera en México:

> ...los noventa se caracterizan por un proceso de masiva adquisición de empresas mexicanas en prácticamente todos los rubros, con la excepción de aquellos donde lo prohibe la ley. La asimetría entre las empresas mexicanas y extranjeras, pero particularmente las diferencias en las condiciones nacionales y extranjeras -tanto de la demanda interna como de financiamiento y de apoyo que estas empresas reciben- cuestionan la estrategia de desarrollo nacional a largo plazo y las prioridades de la misma.[170]

A este respecto, la organización CETIM,[171] que es un centro de estudio, investigación e información sobre los mecanismos que están en el origen del mal desarrollo de los países en materia económica, y es también un punto de contacto con los movimientos sociales, en un artículo de investigación refiere las causas principales de endeudamiento que presentan los países de Latinoamérica hace un recuento de las situaciones que producen disfuncionalidad en el crecimiento económico de los mismo, a saber:

---

170 CEPAL, "La inversión extranjera en México", Cepal, Santiago de Chile, 2000.

171 Centro Tecnológico de Investigación Multisectorial, España.

- La imputación a los nuevos Estados independientes, [...] de las deudas contraídas por parte de los poderes coloniales y la venta a los países ... de los bancos occidentales, que disponen de una sobreliquidez, a falta de inversiones seguras, y que están al acecho de beneficios jugosos (tasas de interés muy elevadas).
- Concesión de créditos por parte de las instituciones de Bretton Woods (FMI y Banco Mundial) para la realización de proyectos faraónicos a menudo mal concebidos, poco productivos y costosos (fábricas "llave en mano", y en especial infraestructuras y presas).
- La sumisión de los países del Tercer Mundo a políticas elaboradas por las instituciones citadas para su pretendido desarrollo ha tenido consecuencias desastrosas sobre su economía y sus poblaciones (ver más adelante las políticas de ajuste estructural)
- Además, la corrupción, la venta de armas a esos países [...] y las crisis sistemáticas y periódicas a nivel mundial son otros aspectos del endeudamiento.[172]

En este sentido, puede apreciarse la dificultad que conlleva para los países en vías de desarrollo afrontar esas situaciones que, en sí mismas, ya representa como elemento básico para la generación de deuda pública a nivel interno y externo, pues conllevan la imposición de medidas económicas sostenidas en la debilidad institucional que presenta el Tercer Mundo.

Por consiguiente, ¿es justificable la adquisición y pago de deuda pública externa generada en beneficio de inversionistas extranjeros?

---

[172] ÖZDEM, M., "Deuda y derechos humanos", Cetim, Ginebra, 2007.

III. TIPOS DE DEUDAS NO REEMBOLSABLES DE CONFORMIDAD CON EL CADTM

El Comité para la Abolición de Deudas Ilegítimas (CADTM), que es una red internacional constituida por miembros y comités locales de Europa, América Latina y Asia que persigue, mediante elaboración de alternativas radicales al neoliberalismo, alcanzar la satisfacción universal de las necesidades, de las libertades y los derechos humanos fundamentales en los países en vías de desarrollo y en poblaciones excluidas de los países desarrollados (para lo que considera imprescindible la anulación de la deuda externa), se pronuncia en el siguiente sentido:

> La gran mayoría de la población europea y mundial cree hoy que siempre hay que pagar una deuda. Detrás de esta idea hay un argumento moral sencillo y aparentemente imparable: si has pedido dinero prestado es normal devolverlo, lo contrario es deshonestidad o robo. Sin embargo, es conocer mal el derecho internacional decir que una deuda pública siempre debe ser pagada. Por un lado, porque una deuda es un contrato entre dos partes y, como todo contrato, deben cumplirse determinadas condiciones para que sea válido. Por otro lado, muchos pactos y tratados internacionales establecen muy claramente que los derechos humanos son superiores a los derechos de los acreedores. En general, hay un tipo de deudas públicas cuyo pago puede ser suspendido y tres tipos de deudas que pueden ser anuladas."[173]

Este mismo Comité proporciona pautas que nos parecen muy efectivas para contrarrestar la voracidad que caracteriza a los acreedores en materia de deuda pública externa, en los términos siguientes:

---

173 VARIOS, «¿Cuáles son los 4 tipos de deuda que no pueden reembolsarse?», [en línea], <.https://www.cadtm.org/Cuales-son-los-4-tipos-de-deuda-publica-que-no-se-pueden-reembolsar>., [Consulta:13/12/22]

1. Deudas insostenibles: deudas cuyo reembolso impide al gobierno cumplir con sus obligaciones en materia de derechos fundamentales.[174]

Es decir, esto implica no dar cobertura a deudas que dejen a los Estados en situación de imposibilitarles cumplir sus fines y dejar expuestas a sus poblaciones a la falta de acceso a prestaciones públicas y sociales elementales, pues esto presupondría un atropello a Derechos Humanos fundamentales como medio para satisfacer deudas contraídas por los gobiernos, lo cual dejaría en calidad de víctimas a sus sociedades y debilitaría la capacidad institucional para proteger los intereses de las mayorías, como los dispone la Carta de las Naciones Unidas en sus artículo 103: *En caso de conflicto entre las obligaciones contraídas por los Miembros de las Naciones Unidas en virtud de la presente Carta y sus obligaciones contraídas en virtud de cualquier otro convenio internacional, prevalecerán las obligaciones impuestas por la presente Carta.*

La Comisión de Derecho Internacional de la ONU también declaró en 1980:

> No se puede esperar que un Estado cierre sus escuelas, sus universidades y sus tribunales, que abandone los servicios públicos de tal manera que entregue a su comunidad al caos simplemente para así disponer del dinero para pagar a sus acreedores extranjeros o nacionales. Hay límites a lo que se puede esperar de un Estado, al igual que de un individuo.[175]

Los detractores de esta posición jurídica pudieran aseverar que la mora en el pago de deudas podría ser perjudicial para los acreedores y sus Estados de origen, incluso catastrófica. Sin embargo, Joseph Stiglitz, premio Nobel de Economía, expone un criterio muy interesante en el que explica que las

---

174 Ídem.

175 *Ídem.*

consecuencias catastróficas de una moratoria de la deuda no son reales:

> Empíricamente, hay muy pocas pruebas que respalden la idea de que un incumplimiento de como resultado un largo período de exclusión del acceso a los mercados financieros. Rusia pudo volver a solicitar préstamos en los mercados financieros dos años después de su incumplimiento declarado unilateralmente, sin consultar previamente con los acreedores. [...] En consecuencia, en la práctica, la amenaza de ver cerrado el grifo del crédito no es real[176]

2. Deudas odiosas: deudas de dictaduras o deudas utilizadas contra los intereses de la población y cuando el acreedor lo sabe o está en condiciones de saberlo.[177]

Como se aprecia, este tipo de deuda implica un contubernio entre autoridades despóticas y acreedores que han pactado la adquisición de la deuda a pesar de conocer los graves efectos que significará para la población del Estado deudor.

De esta manera, se deja a las poblaciones en situación de vulnerabilidad extrema y en condiciones de sufrir nuevos atropellos por causa de deudas contraídas injustamente y que serán imposibles de cubrir a futuro ante la falta de voluntad del gobierno que las adquirió de cumplir sus compromisos, lo cual constituye un acto de corrupción del más alto nivel.

3. Deudas ilegales: deudas que no respetan la Constitución o las leyes vigentes en materia contractual.[178]

En este esquema caben todas las deudas que se imponen a los Estados teniendo como trasfondo el incumplimiento del marco constitucional, pero que además pueden surgir igualmente como resultado de quebrantar tratados internaciona-

---

176 VARIOS *op. cit.*, nota 10.

177 *Ídem.*

178 *Ídem.*

les y otras leyes a las que los contratantes están obligados a reconocer y acatar.

Esto presupone minorar la vigencia del Estado de Derecho, así como la soberanía de los Estados en pro del beneficio privado, y subordinar, por consiguiente, los poderes estatales a la voluntad de agentes externos que prescinden del acatamiento de la legalidad más elemental como estrategia de dominación y sometimiento para consolidar su predominio económico a partir del pragmatismo como medio para imponerse.

4. Las deudas ilegítimas: deudas que no benefician el interés general sino a una minoría privilegiada.[179]

Podemos considerar que este tipo de deudas, a final de cuentas son en las que confluyen prácticamente todas la antes vistas, pues en todo caso las deudas que se contraen de manera contraria al interés público serán lesivas a la mayor parte de los gobernados y concentrarán sus beneficios en unas cuantas personas.

Es decir, nos referimos a la deuda externa como mecanismo para afianzar la consolidación de poderes fácticos a costa del desmantelamiento de la operatividad de las funciones más esenciales del aparato estatal.

A partir de la generación de este tipo de deudas es que se pueden producir las condiciones más adversas para conducir a las sociedades actuales a condiciones de vida más justas, que verdaderamente dignifiquen el desarrollo humano por encima de cualquier interés económico de clase o grupos de intereses creados.

---

179 VARIOS., *op. cit.*, nota 10.

IV. CONSIDERACIONES FINALES

A través de los datos obtenidos y analizados por demos afirma la necesidad que existe de deslegitimar deudas que son contrarias al interés público y limitar los reclamos que se pueden realizar por concepto de deuda externa a países como el nuestro por la vía litigiosa, ya sea por otros Estados o por entes privados.

La forma en que se construye la deuda pública importa, y es necesario difundir estudios como los que atinadamente realiza el CADTM para frenar la consecución de la práctica corrupta, atendiendo las definiciones aquí anotadas de los que significa el término corrupción, que representa beneficiar a grupos de poder ajenos al marco institucional que resguarda nuestros Derechos Humanos.

Determinar que las prácticas corruptas pasan por la concentración exacerbada de riqueza por cualquier ente ajeno a los poderes estatales es un paso primordial para hacer prevalecer el Estado de Derecho ante la amenaza real que constituye la consolidación de poderes fácticos.

Una señal clara de debilidad por parte de la estructura gubernamental para cumplir sus funciones radica en procurar la generación de más deuda pública sin acompañarla de contraprestaciones de calidad para toda persona que se encuentre sujeta a la jurisdicción estatal.

Por consiguiente, nos parece necesario propugnar por deslegitimar cualquier tipo de deuda pública, especialmente la externa, que implique minorar nuestros derechos sociales, la calidad de los servicios públicos, la efectividad en la aplicación de nuestros Derechos Humanos fundamentales y el reparto equitativo de los recursos derivados de nuestras actividades económicas que conllevan la mayor productividad e incremento del caudal nacional.

FUENTES DE INFORMACIÓN REFERIDA

CÁMARA DE DIPUTADOS, «Pese a austeridad republicana, la deuda pública se ha incrementado en 2 billones 370 mil mdp: Patricia Terrazas Baca» [en línea], (2022), <http://www5.diputados.gob.mx/index.php/esl/Comunicacion/Agencia-de-Noticias/2022/Febrero/26/1864-Pese-a-austeridad-republicana-la-deuda-publica-se-ha-incrementado-en-2-billones-370-mil-mdp-Patricia-Terrazas-Baca> [Consulta:13/12/22]

CEPAL, "La inversión extranjera en México", Cepal, Santiago de Chile, 2000.

MIRÓN LINCE, B., «México: propone suspender pago de deuda externa», [en línea], (2022), <https://www.cadtm.org/Propone-suspender-pago-de-deuda-externa> [consulta:13/12/22].

ÖZDEM, M., "Deuda y derechos humanos", Cetim, Ginebra, 2007.

RAE, «Diccionario Panhispánico del Español Jurídico» [en línea], <https://dpej.rae.es/lema/corrupci%C3%B3n> [Consulta:13/12/22]

SEMANARIO JUDICIAL DE LA FEDERACIÓN, «CONTROVERSIA CONSTITUCIONAL 22/200 17084» [en línea], (2002), <https://sjf2.scjn.gob.mx/detalle/ejecutoria/17084> [Consulta:13/12/22]